L'Histoire de France des paresseuses

Frédéric Bosc

L'Histoire de France des paresseuses

•MARABOUT•

Sommaire

Avant-propos

Pourquoi ce guide va vous aider

Vous pensez que la « prise de la Bastille » fait référence à une sortie nocturne dans un quartier branché de Paris ? Vous supposez que l'expression « renversement des alliances » renvoie à une catastrophe advenue lors de la célébration d'un mariage car vous avez oublié qu'il s'agit du virage accompli par la politique étrangère de Louis XV ? Les mots « Campagne de Russie » ne désignent pour vous qu'un paysage bucolique près de Moscou ? Vous croyez vous souvenir que l'expression « siècle des Lumières » renvoie à l'invention de l'électricité ? Ce livre est pour vous.

Parce que c'est bien de se rappeler les grandes lignes de l'histoire de France afin de mieux saisir le présent, l'essentiel des débats et des enjeux politiques, de connaître l'histoire d'un lieu, d'un nom.

Et, dans un registre plus léger, parce que c'est plus agréable de ne plus confondre Mme de Montespan et Mme de Maintenon quand on visite le château de Versailles : on se repère mieux entre tous ces portraits de marquises emperlées... Au fait, l'une de ces deux dames avait probablement épousé Louis XIV en secret. Laquelle ? [1]

Pour s'y retrouver dans cette histoire de France longue de quelque 2 000 ans, il suffit de se remémorer tout ce qu'on a appris et qu'on a parfois un peu perdu de vue ou mélangé – l'action des grands personnages, les principaux événements, etc. –, de relier entre eux ses souvenirs, de les articuler une bonne fois pour toutes. C'est assez simple, finalement... Voici un résumé, de la Gaule à de Gaulle.

1. La superbe Mme de Montespan donna de nombreux enfants à Louis XIV mais ce fut l'avisée Mme de Maintenon que celui-ci épousa sans doute, en secret, après la mort de la reine Marie-Thérèse, en 1683.

Après l'arrivée des Celtes, voici trois mille ans, ce fut la civilisation gauloise puis – après la bataille d'Alésia – la longue paix gallo-romaine. Ensuite, les vastes états créés d'abord par Clovis – celui du vase de Soissons – à la fin du Ve siècle puis, 300 ans plus tard, par l'empereur Charlemagne – celui-là même dont les soldats ont été attaqués à Roncevaux, dans les Pyrénées. Le preux Roland soufflant dans son oliphant, vous vous rappelez ?

Ensuite, peu avant l'an mille, commença la lutte des premiers rois capétiens qui imposèrent peu à peu leur autorité aux seigneurs (ces souverains eurent fort à faire : le premier d'entre eux, Hugues Capet, ne contrôlait que son propre domaine, à peu près de la taille d'un département d'aujourd'hui !).

Après la guerre de Cent Ans – les assauts fièrement menés par Jeanne d'Arc, vous vous souvenez ? –, ce fut la longue construction de la monarchie qui devint absolue au XVIIe siècle avec les rois bourbons.

Et ensuite, à la fin du XVIIIe siècle, le retentissant bouleversement de la Révolution française – le roi Louis XVI et Marie-Antoinette y perdirent la tête.

Après la Ire République (1792), il y eut toute une série de régimes, autant de soubresauts politiques qui se succédèrent pendant l'essentiel du XIXe siècle : ce fut d'abord l'Empire du belliqueux Napoléon Ier (victoire d'Austerlitz, défaite de Waterloo), un rapide retour des derniers rois puis l'installation – provisoire – de la République en 1848.

Après l'intermède du Second Empire, la longue IIIe République – qui laisse le souvenir de ses nombreux chefs d'États barbus et sans grands pouvoirs – disparut au début de la Seconde Guerre mondiale.

Et, enfin, en 1944, de nouveau la République, qui rebâtit la France et, tout en lui donnant un rôle majeur dans la construction européenne, sut la placer au premier plan de la scène mondiale.

Bref, voici les dates essentielles, les principaux conflits, les faits majeurs qui expliquent comment, de la Gaule au général de Gaulle, la France s'est construite.

Une fois lu ce livre, lors du prochain scrutin présidentiel, vous étonnerez tout le monde en citant le nom du premier président de la République élu dans notre pays (attention, c'est une véritable colle...) [1]. Et chacun vous admirera lorsque, aux élections européennes, vous serez en mesure de dire depuis quand la France appartient à l'Europe communautaire [2]. Bref, la lecture de cette *Histoire de France des paresseuses* vous permettra de révéler, à vous-même et à vos proches, toute l'étendue de vos connaissances historiques, et d'en tirer le meilleur parti...

---

1. Neveu de Napoléon Ier, Charles-Louis-Napoléon Bonaparte (futur empereur Napoléon III) fut élu président en 1848, c'est-à-dire au début de la IIe République (il n'y eut pas de président sous la Ière, de 1792 à 1804).

2. La France est l'un des membres fondateurs de l'Europe communautaire, créée en 1958.

chapitre 1

Comment tout savoir sur la Gaule en allant à peine plus loin qu'*Astérix*

Saviez-vous qu'il existait il y a fort longtemps, des hommes, des vrais, en peau de bête ?

Enfin, l'homo erectus était peut-être habile mais pas très beau. Le territoire qui constitue la France actuelle est peuplé depuis un million d'années (peut-être deux, mais c'est moins sûr), ainsi que l'attestent des outils retrouvés dans la grotte du Vallonnet, à Roquebrune-Cap-Martin, dans les Alpes-Maritimes. L'être qui manipule ces pierres taillées, est nommé *homo erectus* (son nom indique seulement qu'il est capable de se tenir debout).

Mais s'il revenait aujourd'hui chercher ses outils, ce premier « Français » aurait bien du mal à passer inaperçu. Il possède une sorte de bourrelet osseux formant comme une visière au-dessus des orbites, un front et un menton très fuyants. Habile, cet homme de la préhistoire ne devait donc pas être très beau, du moins selon nos critères...

Saviez-vous que vous descendiez directement de Cro-Magnon ?

Vers - 80 000, apparaît l'homme de Neandertal, assez robuste et assez agile pour s'en prendre aux mammouths et aux ours des cavernes. Il enterre ses défunts – ce qui ne transforme pas pour autant le pays en un vaste cimetière : le territoire de la France actuelle ne compte alors que de 10 000 à 20 000 individus, soit la population d'une petite ville.

Quelques dizaines de milliers d'années plus tard, arrive un autre être humain, l'homme de Cro-Magnon (ou *homo sapiens*, « homme sage »).

Les deux groupes cohabitent pendant un temps, partagent peut-être les mêmes abris, chassent les mêmes proies. Mais ils ne semblent guère s'attirer l'un l'autre car la science a prouvé que, très probablement, ils n'avaient pas eu de descendance commune.

Peut-être victime de maladies ou incapable de s'adapter aux changements climatiques, ignorant l'usage de certains objets qui lui auraient permis de vivre mieux et plus longtemps (aiguille à coudre, sagaie, etc.), le Neandertal finit par disparaître, sans postérité, vers - 30 000 ans. Nous sommes donc tous des enfants de l'homme de Cro-Magnon...

Avec le réchauffement du climat, quelque 20 000 ans plus tard, l'homme de la préhistoire sort des cavernes où il s'était réfugié. Il se fait éleveur et cultivateur, apprend à cueillir des baies, chasse du petit gibier ou ramasse des coquillages.

TAG OU PAS TAG ?

Si, en vous promenant un jour dans une grotte inexplorée, vous découvrez sur les parois des peintures représentant des bisons, des rhinocéros laineux ou des mammouths, ne rajoutez pas votre propre croquis à ce que vous prenez pour des tags laissés là par les enfants d'une classe nature. Vous êtes peut-être en présence de peintures préhistoriques à la valeur historique et artistique inestimable comme celles que recèlent les grottes de Chauvet (décorée vers - 29 000 ans), Cosquer (- 25 000 ans), Lascaux (- 11 000 ans). Que faire ? Retenez votre respiration pour ne pas abîmer ces vestiges vénérables et sortez sur la pointe des pieds avant de prévenir les autorités.

Dolmens et menhirs : comment ne pas se tromper d'époque ?

À partir de - 5 000, l'homme taille et érige des dolmens, des menhirs et des cromlechs (ces monuments sont nommés mégalithes (du grec *méga* – « grand » – et *lithos* – « pierre »). Ces énormes rochers, laissés seuls ou assemblés, constituent des sépultures, sans doute des lieux de culte, peut-être même des calendriers.

Ces pierres n'ont rien à voir avec les Gaulois, apparus bien plus tard, contrairement à ce que pourrait laisser supposer un héros de bande dessiné bien connu : je parle bien sûr d'Obélix.).

Les menhirs sont des pierres de grande taille, plus ou moins isolées et placées verticalement. Beaucoup l'ont été en Bretagne, le plus fameux ensemble de menhirs étant celui de Carnac, dans le Morbihan. Il compte plus de 3 000 pierres dressées.

Les dolmens sont formés de plusieurs dalles, qui forment les parois et le toit d'une chambre funéraire. Il en existe également beaucoup en Bretagne et dans le sud-ouest du Massif central.

Les cromlechs sont des cercles formés de plusieurs monolithes.

Le premier marché européen

Plus tard, ce Français d'avant la France commence à travailler certains métaux. Pour se les procurer, il commerce avec ses voisins d'Espagne, d'Angleterre ou d'Europe centrale. Bref, cet homme préhistorique fait déjà ses courses un peu partout en Europe. Vers – 2 000, ce « Français » met à contribution le cheval qui lui sert de bête de trait ou de monture.

Courageux, les Gaulois. Mais finalement vaincus

Comment bien se souvenir des grandes lignes de l'histoire des Gaulois, des Romains et des Gallo-Romains ? Facile ! il suffit d'avoir quelques animaux à l'esprit : un coq, quelques oies et plusieurs tortues...

Un coq...

Vers - 1000, dans une large part de l'Europe un peuple, probablement venu de l'actuelle République tchèque, en Europe centrale, crée une nouvelle civilisation en se mêlant aux populations locales. Ce sont les Celtes, également appelés Gaulois par les Romains qui se livrent ainsi à une sorte de jeu de mots : en latin, le terme *gallus* désigne à la fois un Gaulois et le coq.

Quelques centaines d'années plus tard, ces Gaulois découvrent l'usage du fer. Puis c'est le travail de l'or, l'usage des chars à roue, etc. Essentiellement agriculteurs, ils ont des moissonneuses, travaillent le verre, teignent leurs étoffes, conservent la viande en la salant, manient la faux, fabriquent des bijoux, de la bière et du savon ! Ils aménagent aussi des villes assez importantes, comme Lutèce (aujourd'hui Paris), qui servent surtout de place commerciale et de refuge en cas de troubles.

Groupés en peuples indépendants les uns des autres, il se querellent souvent (ah ! le fameux esprit querelleur du Gaulois, aujourd'hui souvent évoqué, alors que bien des peuples se sont depuis installés sur le sol français au fil des migrations !). La société comprend trois groupes :

- les nobles (guerriers),
- les druides (prêtres et savants, qui ont des connaissances médicales, jouent aussi un rôle politique, militaire, judiciaire et éducatif),

- et enfin le peuple. Les esclaves, des prisonniers de guerre, sont très peu nombreux.

LA RELIGION DES GAULOIS

Les Gaulois estiment que l'âme est immortelle. Ils adorent de nombreux dieux : Cernunnos, aux cornes de cerf, dieu du renouveau ; Belenos, le beau dieu du soleil, Lug, le dieu du commerce, Taranis, le dieu du ciel et de la guerre, Epona, une déesse cavalière, etc., d'autres divinités supposées demeurer dans les forêts, les montagnes ou les fleuves (comme Renus, le dieu du Rhin, ou Séquana, la déesse de la Seine).

... quelques oies...

Ces Gaulois aiment le contact : dans le sud de la France, ils laissent des colons grecs fonder la ville de Marseille. Mais comme ils ont manifestement envie de voir du pays et sont d'humeur querelleuse, ils franchissent les Alpes et pillent Rome (vers - 390). Ils ne réussissent pourtant pas à s'emparer de la principale colline de la ville, le Capitole, car les oies sacrées qui y étaient gardées donnent l'alerte en cancanant de toutes leurs forces...

Finalement, on négocie, les Romains acceptent de payer une rançon pour que les Gaulois acceptent de se retirer. Ultime humiliation, lors du transfert de fonds, les envahisseurs demandent encore plus d'argent. Impuissants, les Romains s'inclinent, ils sont contraints de payer une rançon plus importante que prévu. Les Gaulois vont-ils enfin rentrer chez eux ? Pas du tout ! Ils repartent vers d'autres territoires à piller, à l'est : la Grèce, l'Asie mineure, etc. Mais bientôt, les Romains vont prendre leur revanche...

SAVIEZ-VOUS QUE VOUS PARLEZ GAULOIS ?

Paresseuse ou pas, sans le savoir, vous parlez gaulois. Enfin, un peu. Vous connaissez les mots « ambassade », « blé », « boue », « braguette », « bruyère », « décombres », « gosier », « patte », « souche », « tonneau » ou « valet » ? Alors, vous parlez gaulois. Tous ces termes, parmi beaucoup d'autres, se sont mêlés au latin au début du Moyen Âge avant d'arriver jusqu'à nous.

… et plusieurs tortues

Les Romains, donc, mieux aurait valu ne pas les provoquer… Peu à peu, ils se requinquent, se renforcent, se dotent d'une armée puissante, très efficace. Bref, ils se construisent peu à peu un empire. Un de leurs trucs préférés pour gagner les batailles ? Regroupés, les soldats se protègent à l'aide de leurs boucliers pour former une grande carapace de tortue contre laquelle se brisent les assauts adverses…

Désormais ragaillardis, les Romains passent à leur tour les Alpes. Ils s'emparent d'abord du sud de la Gaule (vers - 120), une région qu'ils nomment *Provincia* (ce mot donnera celui de Provence, facile à retenir, non ? même pour les plus paresseuses). Ce n'est qu'une mise en jambe… En - 58, le général Jules César – un ambitieux ! – se lance à la conquête des territoires gaulois demeurés indépendants. En quelques mois, il soumet un tiers du pays. Jusqu'alors divisés, les Gaulois, pour lutter plus efficacement contre les Romains, se donnent un chef unique, Vercingétorix.

Ce dernier remporte plusieurs victoires (comme celle de Gergovie) mais il se laisse enfermer avec toute son armée dans la citadelle d'Alésia. César construit des fortifications pour isoler le site. Une armée gauloise de secours est elle aussi défaite. Les assiégés n'ont plus de vivres et Vercingétorix est obligé de se rendre (- 52). Désormais, la Gaule est romaine. Lugdunum (Lyon) en est la capitale.

Par la suite, Vercingétorix :

— est devenu le meilleur ami de César, à tel point qu'ils partageaient la même chambre et la même épouse,

— a ouvert à Lutèce un entrepôt où l'on pouvait acheter des produits italiens,

— s'est enfui en Angleterre pour y lancer un appel à la résistance.

Pas du tout : il fut emprisonné à Rome et finit étranglé en - 46.

Romains et Gaulois en ménage

Finalement, Romains et Gaulois – ceux-ci sont alors huit millions – font bon ménage. Ils apprennent à se connaître, se mêlent jusqu'à former un peuple unique, les Gallo-Romains, qui se convertit peu à peu au christianisme (les campagnes sont évangélisées au IVe siècle). Que retenir de cette période de paix, d'épanouissement culturel et technologique ?

— Pour les plus paresseuses, le plus facile est de se souvenir des monuments, souvent très connus, qui nous restent et sont souvent en bon état : le Pont du Gard, les arènes d'Arles ou de Nîmes, le théâtre d'Orange, les thermes ou les arènes de Lutèce (à Paris), etc.

— Les paresseuses plus courageuses peuvent retenir que beaucoup des villes gallo-romaines ont à peine changé de nom. Vienna se nomme aujourd'hui Vienne, Camaracum Cambrai, Tolosa Toulouse ou Valentia Valence, etc. Quant à la cité d'Augustodinum, ainsi nommée en l'honneur de l'empereur romain Auguste, son nom s'est à peine raccourci : elle s'appelle aujourd'hui Autun. Toutes sont dotées d'une place principale, le *forum*, et d'un maillage de rues souvent organisées en échiquier, pavées et dotées d'égouts. Un réseau routier parfaitement construit les relie les uns aux autres.

— Les paresseuses qui veulent vraiment aller au fond des choses (êtes-vous sûre d'être vraiment paresseuse ?) se rappelleront que dans les campagnes, sillonnées de belles routes, s'édifient de nombreuses propriétés, qui mettent les terres en valeur, cultivent le blé et la vigne (le vin concurrence dès lors la bière gauloise), et où l'on fabrique une charcuterie succulente et une poterie réputée. Ces exploitations sont nommées *villas*, un mot dont la signification a un peu évolué mais est toujours utilisé...

Des visiteurs inattendus

Les Vandales ? des vandales !

Quand tout se passe bien, c'est toujours la même chose, il y a des importuns qui viennent vous embêter. Pour la Gaule, c'est pareil. Elle est si prospère, si policée, si riche qu'elle fait des envieux. De nombreux peuples installés à l'Est lorgnent d'autant plus vers l'Empire romain (un peu après la mort de Jules César, à Rome, la république a laissé place à un empire) que d'autres peuplades, encore plus à l'est, les attaquent et les repoussent vers l'ouest.

À la fin du IIIe siècle, les Gallo-Romains acceptent que des groupes de Germains, l'un de ces peuples, s'installent sur leur territoire et mettent leur force militaire au service de l'Empire. Dans le même temps, les habitants de la Gaule tentent de se protéger en fortifiant les frontières. Cela ne suffit pas. Finalement, arrive ce qui devait arriver. Le temps des grandes migrations est venu... Arrivent en Gaule et dans les régions voisines plusieurs peuples dont le nom n'a pas laissé des souvenirs très agréables. Un exemple ? Les Vandales, qui pillent la Gaule pendant plusieurs mois avant d'aller se faire oublier en Espagne.

Le dernier tour de piste des Romains

Formidable état faisant le tour de la Méditerranée, l'Empire romain est trop orgueilleux pour disparaître sans livrer un dernier combat : au IVe siècle, le pouvoir central réussit à reprendre les choses en main pendant quelques décennies. Mais au tout début du Ve siècle, les peuples venus de l'Est reprennent leur avancée. Au milieu du siècle, une peuplade redoutée se fait particulièrement menaçante.

Ce sont les Huns. Leur chef, Attila, a été affublé par les chroniqueurs du Moyen Âge du surnom de « fléau de Dieu » ! On dit que là où passe son cheval, l'herbe ne repousse pas (ce prénom fait encore frémir dans les cours de récréation de l'Hexagone ; il est en revanche aujourd'hui fréquemment porté en Hongrie où les Huns se fixèrent au début du Ve siècle).

Bref, les Huns veulent même s'emparer de Paris. Et il n'y a qu'une femme pour réconforter les habitants et tenir tête aux envahisseurs : Geneviève, sainte pour les catholiques... Les Huns passent leur chemin et se font battre par les soldats gallo-romains aux champs Catalauniques, près de Troyes (451).

Mais cette victoire n'a pas de lendemain. À Rome, le dernier empereur ne règne déjà plus sur grand-chose. Finalement, l'Empire romain disparaît en 476 (tout au moins sa partie occidentale ; car, avec Constantinople pour capitale, sa partie Est, l'Empire romain d'Orient, qui vit sa vie depuis 395, va subsister pendant plus de mille ans). La Gaule va désormais devoir se débrouiller toute seule.

POUR BRILLER EN SOCIÉTÉ

Pour les paresseuses parisiennes, c'est facile de placer ce que l'on sait sur sainte Geneviève, juste en se promenant. Il suffit de préparer son itinéraire à l'avance et de passer, comme par hasard, près de la place Sainte-Geneviève, devant le Panthéon, au sommet de la montagne Sainte-Geneviève, dans le Ve arrondissement. Là, faites semblant de lire la plaque portant le nom du lieu et dites ce que vous savez sur Gene-

viève d'un air détaché. Pour porter l'estocade, mine de rien, empruntez, sur la Seine, pas très loin de là, le pont de la Tournelle, où se trouve une statue altière de la patronne de Paris. Précisez que Geneviève habitait à Nanterre, à l'ouest de Paris. Triomphe assuré !

15 DATES ESSENTIELLES À RETENIR SI VOUS AVEZ ÉTÉ TROP PARESSEUSE POUR LIRE LE CHAPITRE 1

1. Il y a un million d'années

La présence d'êtres humains sur le sol de la France actuelle est attestée par des outils retrouvés dans les Alpes-Maritimes.

2. Vers - 80 000

Arrive l'homme de Neandertal, un costaud qui chasse l'ours et le mammouth.

3. Vers - 35 000

L'homme de Cro-Magnon, notre ancêtre direct, fait son apparition. Il cohabite pendant un temps avec l'homme de Neandertal.

4. Vers - 11 000

Des hommes décorent les salles de la grotte de Lascaux.

5. Vers - 5000

Des mégalithes (dolmens, menhirs, etc.) sont érigés, surtout dans l'ouest de la France.

6. Vers - 1000

Arrivent sur le territoire de la France actuelle les Celtes, un peuple venu d'Europe centrale.

7. Vers - 390

Les Gaulois (nom donné aux Celtes par les Romains) conquièrent l'Italie du Nord et pillent Rome.

8. Vers -120

Renversement de situation : les Romains sont devenus les plus forts. Ils franchissent les Alpes et s'emparent du sud de la Gaule.

9. - 58

Commandées par Jules César, les légions romaines se lancent à la conquête du reste de la Gaule.

10. - 52

Jules César bat le chef Vercingétorix à Alésia. L'Empire romain absorbe la Gaule. Sur le territoire de la France actuelle, c'est la naissance de la florissante civilisation gallo-romaine.

11. IIe-IIIe siècle

Déferlent sur la Gaule des peuples venus de l'Est, eux-mêmes chassés par d'autres populations orientales. C'est le temps des grandes migrations, qui provoquent des troubles, des désordres, l'affaiblissement de l'Empire romain.

12. IVe siècle

Rome rétablit la paix en Gaule, pour la dernière fois.

13. Début du Ve siècle

Arrive un nouveau peuple, les Huns, qui pillent la Gaule mais se détournent de Paris.

14. 456

Les Huns se retirent après avoir été battus par les derniers soldats gallo-romains à la bataille des champs Catalauniques.

15. 476

L'Empire romain d'Occident s'effondre : la Gaule ne peut plus compter que sur elle-même.

chapitre 2

Comment tout savoir sur les dynasties

Clovis et le vase de Soissons, ça vous dit quelque chose ?

Les Francs sont promis à un bel avenir. La nature a horreur du vide. Et vers 450, un autre peuple lui aussi venu de l'Est, les Francs, fait preuve d'énergie et d'ambition. À la fois cultivateurs et guerriers, ils prennent peu à peu le contrôle de toute la Gaule, et même un peu au-delà. L'un de leurs chefs se nomme Clovis. Il écarte tous les autres dirigeants francs et devient roi en 481. Guerrier décidé, il s'illustre dans de nombreux combats, tue ses ennemis et éventuellement les membres de sa famille pour faire respecter son pouvoir, comme le prouve l'histoire du vase de Soissons.

LE VASE DE QUOI... ?

En 486, au lendemain d'une bataille où il a battu les derniers Gallo-Romains près de Soissons, Clovis prend part au tirage au sort du butin, constitué des biens pillés dans les églises. Il réclame à un guerrier un vase sacré qui lui plaît. Arrogant, le soldat abîme l'objet avant de le céder à Clovis. D'abord, celui-ci cache sa colère. Un peu plus tard, il retrouve le militaire et lui reproche de mal entretenir ses armes. Le soldat se penche. D'un coup de hache, Clovis lui fend la tête et s'exclame : « Souviens-toi du vase de Soissons ». Plus ou moins avérée, sans doute embellie, cette anecdote est l'une des plus connues de l'histoire de France. Paresseuses, essayez de la retenir, cela peut toujours servir ! Mais vous n'êtes pas obligée d'approuver la manière particulièrement brutale avec laquelle Clovis assied son autorité sur ses soldats.

Quelques éléments, un peu en vrac, à savoir sur Clovis

- Son nom s'est peu à peu transformé au fil des siècles jusqu'à donner le prénom Louis.

- Clovis est le fondateur de la dynastie des Mérovingiens (on pourrait appeler celle-ci la dynastie des « Clovingiens », cela pourrait sembler plus simple et plus logique ; mais les historiens ont préféré forger son nom sur celui de Mérovée, grand-père (probablement légendaire !) de Clovis.

- Selon la tradition, après s'être converti au christianisme avec ses compagnons, Clovis est le premier souverain français à se faire sacrer par l'Église (en l'occurrence par Rémi, évêque de Reims, et sur les conseils de son épouse Clotilde). À sa suite, la plupart des rois de France seront sacrés à Reims jusqu'au XIXe siècle ;

- Exclusivement pour les paresseuses qui habitent dans le département de la Vienne : n'oubliez pas que Clovis a remporté l'une de ses principales batailles à Vouillé (en 507, il met en déroute les Wisigoths ; vexés, ceux-ci doivent rejoindre leur base arrière, l'Espagne).

- À la fin de sa vie, Clovis règne sur les territoires aujourd'hui formés par la France (sauf le littoral sud), la Belgique ainsi qu'une partie de l'Allemagne et de la Suisse.

- Sous Clovis, Paris devient pour la première fois capitale de la France. De la Gaule ou de la France ? C'est justement à partir de ce règne que le pays commence à changer de nom : désormais gouverné par les Francs, il prend peu à peu leur nom.

Des querelles d'héritiers pires que dans vos séries télévisées préférées

À la mort de Clovis, en 511, son royaume est divisé entre ses fils. Ainsi le veut la coutume des Francs. Au fil des années, ces héritiers et leurs successeurs se disputent, se réconcilient pour se quereller à nouveau, multipliant les affrontements et les traîtrises. Tel règne sur le royaume de Paris, tel autre sur le royaume de Soissons, d'autres encore sur la Neustrie ou l'Austrasie, états tous nés du démembrement de la Gaule. Cette période guère réjouissante est quelque peu compliquée à suivre.

Pourtant, paresseuses, souvenez-vous : la queue d'un cheval sauvage, une culotte à l'envers... ça ne vous dit rien ? Mais si, vous allez voir.

La queue d'un cheval sauvage...

Si les princes mérovingiens passent leur temps à se disputer, les femmes ne sont pas en reste. L'un des épisodes les plus fameux de ces affrontements fratricides oppose les reines Frédégonde et Brunehaut, deux belles-sœurs respectivement reine de Neustrie et d'Austrasie (pas d'Australie !). Au terme d'une série de péripéties, la seconde est mise à mort, attachée à la queue d'un cheval sauvage.

Et une culotte à l'envers

À deux reprises, un roi mérovingien plus habile ou plus chanceux que les autres réussit à imposer son autorité aux différents princes qui se disputent et, pour un temps, rétablit l'unité de la France. C'est d'abord Clotaire II. Et, ensuite, Dagobert Ier, immortalisé par une chanson enfantine, roi de 629 à 639 : le bon roi Dagobert a mis sa culotte à l'envers... ça y est, vous vous rappelez ? En fait, cette chanson est assez récente puisqu'elle est apparue à la fin du XVIIIe siècle, alors que la Révolution approchait. Il s'agissait, en faisant semblant de se moquer de Dagobert Ier, de railler en fait le roi Louis XVI que le peuple commençait à critiquer.

LE BON ROI DAGOBERT

Une autre petite chose à savoir sur Dagobert Ier : c'est le premier roi de France à s'être fait enterrer à l'abbaye de Saint-Denis, au nord de Paris. Cette habitude durera jusqu'au XIXe siècle.

Les rois fainéants (Hé oui ! vous n'avez rien inventé !)

Donc, hormis l'exception Dagobert Ier, les chefs francs perdent peu à peu l'essentiel de leurs prérogatives. La France est partagée en plusieurs petits royaumes. Les roitelets mérovingiens qui les dirigent ont besoin d'être épaulés par les nobles auxquels ils distribuent des territoires pour s'assurer de leur fidélité. Ce qui rognent encore plus leurs maigres pouvoirs.

En fait, le royaume est bien moins prospère que du temps des Gallo-Romains : la population régresse, les techniques artisanales aussi. Les villes se sont vidées au profit de domaines entretenus par des esclaves.

Jeunes et sans argent

Les derniers descendants de Clovis sont qualifiés de « rois fainéants » (en fait seulement depuis le XIXe siècle). Non pas qu'ils soient spécialement paresseux mais parce que, faute d'autorité et de prérogatives, ils n'ont pas grand-chose à faire et sont désargentés ; souvent très jeunes, ils ne peuvent tenter de retrouver les pouvoirs qui étaient ceux de Clovis.

POURQUOI FAINÉANTS ?

Ils ont été ainsi nommés parce qu'ils avaient l'habitude de voyager non pas à cheval, comme c'était l'usage, mais dans des chariots tirés par des bœufs. Notez une tendance à la paresse, tout de même.

Maire du palais

À cette époque, le véritable homme fort du royaume est le maire du palais (sa fonction n'a bien entendu rien à voir avec celle du maire d'une commune d'aujourd'hui). À l'origine simple intendant, le maire du palais est au fil du temps de plus en plus intervenu dans les affaires du royaume en servant d'intermédiaire entre le roi et les nobles francs. Charles Martel acquiert ainsi un grand pouvoir au milieu du VIIIe siècle. En 732, à la tête de la cavalerie lourde du royaume franc, Charles Martel donne un coup d'arrêt à la progression des cavaliers arabes qui viennent de conquérir l'Espagne et se sont aussi installés en Provence (bataille de Poitiers).

CHARLES MARTEL ET PÉPIN LE BREF

C'est sa détermination qui a valu au maire Charles de recevoir après sa mort le surnom de Martel, en allusion à un marteau. Son fils, Pépin, fut surnommé le Bref, en raison de sa petite taille. Quant au fils de ce dernier, Charles, il sera surnommé Charles le Grand (Carolus Magnus en latin, Charlemagne) en raison de l'étendue de ses pouvoirs, de ses réformes et de ses conquêtes, de la civilisation brillante dont il favorisera l'épanouissement.

Changement de dynastie : pas de pitié !

Qui va chez le coiffeur perd sa place

Les Mérovingiens pensaient que leur autorité, d'essence divine, résidait dans leur chevelure. Pour détrôner un prince, il suffisait de lui couper les cheveux. C'est, entre autres exemples, ce qui arriva au dernier roi mérovingien : en 751, ce monarque, Childéric III, fut tondu puis enfermé dans un couvent par le puissant nouveau maire du palais, Pépin le Bref, fils de Charles Martel.

Pépin le Bref

Après avoir réussi à se faire proclamer roi, Pépin fonde une nouvelle dynastie (le nom de celle-ci, la dynastie carolingienne, sera forgé sur le nom de son fils Charles). En 754, pour consolider son pouvoir, Pépin se fait sacrer par le pape. Afin de le remercier, il offre à la papauté un territoire qu'il vient d'arracher aux Lombards, en Italie. C'est l'origine des futurs États pontificaux qui existeront jusqu'au XIXe siècle (beaucoup moins étendu, le Vatican en est le vestige).

Sacré Charlemagne !

L'empire de Charlemagne

À la mort de Pépin le Bref, ses possessions sont partagées entre ses deux fils, Carloman et Charles. Après la disparition du premier, en 771, le second hérite la totalité du royaume. Plus tard, Charles sera surnommé Charlemagne.

Compte tenu de l'importance de Charlemagne, la paresseuse doit retenir à son sujet pas mal de choses... Mais elle se souvient sans doute que la mère de l'empereur est Berthe aux grands pieds. Un nom pareil, cela ne s'oublie pas...

Tout au long de son long règne (46 ans), Charlemagne étend les territoires placés sous sa domination à l'occasion d'une cinquantaine d'expéditions militaires. Celles-ci le mènent, entre autres : en Italie (où il combat les Lombards), en Germanie (où il vainc les Saxons) et dans le nord de l'Espagne, où se sont installés les Arabes. Il guerroie aussi contre les habitants de la Bretagne et les Avars, qui menacent la Bavière. Ce qui va conduire Charlemagne à régner sur la France, la Germanie, le nord de l'Espagne et les trois quarts de l'Italie. Ce faisant, il étend le domaine de la chrétienté.

« LE COMTE ROLAND, À GRAND PEINE ET GRAND EFFORT, À GRANDE DOULEUR, SONNE DE SON OLIFANT ».

Cela vous rappelle quelque chose ? À l'issue de l'une des expéditions militaires menées par Charlemagne en Espagne, l'arrière-garde de son armée est anéantie par les Vascons (Basques) au col de Roncevaux, dans les Pyrénées (778). Cet affrontement, magnifié, est à l'origine de la *Chanson de Roland*, où ce dernier, neveu de l'empereur, appelle à l'aide en soufflant dans son oliphant mais, trahi par Ganelon, meurt avant l'arrivée des secours.

Un roi sacré empereur

À Rome, le pape Léon III a bien des ennuis : ses adversaires lui reproche de mener une vie dissolue, de pratiquer le parjure et pire encore. Ils lui tendent une embuscade, le rouent de coups, l'emprisonnent... Le pape s'enfuit, rejoint Charlemagne et obtient sa protection. En fait, ils ont besoin l'un de l'autre... Tous deux se rendent à Rome et, à la Noël 800, le pape sacre Charlemagne en le proclamant « grand et pacifique empereur ». Désormais doté d'un grand prestige, Charlemagne se pose ainsi en héritier de l'Empire romain d'Occident. Protecteur du pape, le nouvel empereur peut en échange se prévaloir de l'appui de l'Église.

Un empereur, des comtes et des marquis

Pour administrer ses différents états, Charlemagne les divise en comtés, confiés à des nobles (les comtes), aidés de fonctionnaires, qui possèdent en théorie de grands pouvoirs et font appliquer les lois édictées par l'empereur. Des *missi dominici* (« envoyés du maître » en latin). contrôlent leurs activités. Dans les régions frontalières dangereuses, les marches, d'autres nobles sont dotés de pouvoirs militaires spéciaux : les marquis.

Bref, l'empereur met en place une organisation bien pensée. Pourtant, au total, son œuvre fut assez limitée et temporaire.

Une première Renaissance

Le règne de Charlemagne, qui prend place après l'instabilité de la fin des Mérovingiens, constitue une période de paix et de rayonnement culturel. C'est la « renaissance carolingienne ». Les campagnes ne sont plus dévastées. Les hommes d'Église se consacrent à l'éducation et s'intéressent aux arts, les moines recopient les textes de l'Antiquité.

POUR BRILLER EN SOCIÉTÉ

- **Pour éduquer son peuple, Charlemagne ordonne que chaque évêché, chaque monastère se dote d'une école qui dispensera des cours de grammaire, et où l'on enseignera le chant et les psaumes, etc.**
- **Contrairement à une « image » qui s'est imposée tardivement, Charlemagne ne portait pas de barbe, encore moins de barbe fleurie.**
- **La capitale de Charlemagne se trouvait à : Paris ? Lyon ? Charleville-Mézières ? Rien de tout cela. L'empereur s'était fixé à Aix-la-Chapelle (aujourd'hui en Allemagne).**

Guerre civile et partage de l'Empire carolingien

Rien que des menteurs !

À la mort de Charlemagne, en 814, l'Empire revient à son fils, Louis Ier le Pieux. Mais le nouveau souverain n'a pas la détermination nécessaire pour maintenir l'intégrité de ses pouvoirs. Renonçant aux campagnes militaires de son père, il n'a plus de butin à distribuer aux nobles. Par ailleurs, il se heurte à ses fils qui lui disputent le trône et maltraitent leur père...

Un jour, les fils de Louis Ier le Pieux attirent l'empereur dans un champ sous prétexte de négocier avec lui. En guise de tractation, ils le retiennent prisonnier. Depuis, ce lieu, situé en Alsace, est nommé le « champ du mensonge »...

Après la mort de Louis Ier le Pieux, se produit ce qui s'était déjà passé à la mort de Clovis : l'Empire est divisé (pour les Francs, l'État n'existe pas, il est susceptible d'être partagé comme n'importe quel bien).

Trois états...

En concluant le traité de Verdun, en 843, les enfants de Louis Ier le Pieux se répartissent les territoires rassemblés par leur grand-père Charlemagne.

Charles II le Chauve obtient la partie ouest de l'Empire, la Francie occidentale (plus ou moins la France actuelle). Louis II le Germanique reçoit la Francie orientale (qui deviendra l'Allemagne). Lothaire, l'aîné, conserve le titre impérial et acquiert une bande longue et étroite constituée de terres situées entre les états de ses frères : la Lotharingie (d'où vient le nom de la Lorraine).

... et deux adversaires irréductibles

Ce partage marque profondément l'histoire de l'Europe : la Lotharingie ne subsistera pas longtemps. Les territoires qui la composent seront alternativement convoités par les deux autres états. Ceux-ci vont désormais s'opposer fréquemment, durant plus de mille ans, jusqu'aux années qui suivront la fin de la Seconde Guerre mondiale et verront, avec l'extinction de cette vieille rivalité franco-allemande, le début de la construction de l'Europe.

Le temps des Vikings

Revenons en France... Après Charles II le Chauve, Louis II le Bègue puis Charles III le Simple : tous ces surnoms ne sont guère flatteurs. En fait, ces rois se montrent incapables de lutter efficacement contre les pillards qui, à l'ouest et au sud, ravagent les côtes du royaume, voire l'intérieur des terres.

Au IXe siècle, des guerriers venus d'Europe du Nord dans leurs drakkars s'aventurent jusqu'aux rivages français. Ce sont les Vikings, ou Normands (« hommes du Nord »). Leur but ? Remonter les fleuves pour piller villages, villes et monastères. Bordeaux, Nantes, Rouen ou Toulouse sont ravagées. Paris résiste – victorieusement – pendant un an, grâce à l'énergie déployée par le comte de Paris, Eudes, un Capétien (retenez le nom de cette famille, nous y reviendrons).

En 911, Charles III le Simple accorde à un groupe de Vikings venus de l'actuel Danemark le droit de s'installer dans l'ouest du pays (ce territoire prendra le nom de Normandie). En échange, le chef Rollon s'engage à défendre ses nouvelles terres.

Le sud du pays n'est pas plus calme. Au début du Xe siècle, ces territoires sont régulièrement pillés par des Arabo-Musulmans venus d'Espagne ou d'Afrique du Nord : les Maures, aussi appelés Sarrasins.

PARESSEUSES DE NORMANDIE (S'IL Y EN A...)

Vous habitez à Caudebec, Orbec, Elbeuf, Yvetot voire La Hoguette ? Sachez que votre ville ou votre village a jadis été fondé par des Normands. Vous appartenez à une famille Angot, Anquetil, Osmond, Toutain, Turgis ou Yvard ? Il est probable que l'un de vos ancêtres est venu jadis de Scandinavie, avec des intentions bonnes (faire du commerce)... ou mauvaises (piller une ou deux abbayes).

Sécurité contre liberté

Pour se protéger, les habitants des villages menacés par telle ou telle bande de pillards sont peu à peu obligés, dans chaque région, de demander protection aux nobles qui possèdent un château que défendent des militaires. Ces seigneurs savent tirer parti de la situation : en échange de leur sécurité, ces ruraux reconnaissent l'autorité des nobles, acceptent de leur verser un impôt, de leur abandonner une part des récoltes, de travailler régulièrement pour eux (la corvée). Bref, en échange de leur sécurité, ils sont contraints d'abandonner leur liberté. Ils deviennent des serfs (du latin *servus*, esclave). Pour les gens du peuple, il s'agit d'un formidable retour en arrière.

Mise en place de la féodalité

Les seigneurs, quant à eux, se classent en une hiérarchie qui va du haut au bas de l'échelle, du suzerain au vassal, selon l'importance de leurs richesses, de leur pouvoir, de leur influence. La mise en place de cette organisation féodale s'accompagne de nombreux conflits. L'Église réussit peu à peu à canaliser ces violences.

Les Capétiens chassent les Carolingiens

La fin des Carolingiens

Les derniers temps de la dynastie carolingienne sont un peu compliqués à raconter en détail. Car en fait, au gré des destitutions, des élections et des coups d'État, les derniers rois de cette dynastie alternent avec les premiers rois de la dynastie capétienne. Plutôt qu'un long exposé, mieux vaut rappeler quelques faits, qui illustrent cette longue crise et la décadence carolingienne :

— trahi par l'un de ses sujets, le carolingien Charles III le Simple meurt en prison,

— son fils, Louis IV, est surnommé d'Outre-Mer. Non pas parce qu'il est né dans une île lointaine mais parce que, encore enfant, il a dû se réfugier par-delà la Manche, en Angleterre, pour échapper à ses ennemis politiques,

— petit-fils de ce dernier, Louis V reçoit le surnom de « Fainéant ». C'est tout dire... Il meurt sans héritier, en 987. C'est le dernier roi carolingien.

Le duc de France Hugues Capet, un parent du comte Eudes, s'empare alors de la couronne, avec l'aide de l'Église qui le sacre à Noyon (il s'agit d'écarter un prince carolingien parent de Louis V le Fainéant). Certes, son titre de roi est surtout honorifique. Il n'exerce une réelle autorité que sur ses propres domaines, situés en Île-de-France. Mais il n'en fonde pas moins une nouvelle dynastie, promise à un avenir brillant.

POUR BRILLER EN SOCIÉTÉ

Hugues Capet doit son surnom à la cape qu'il portait en tant qu'abbé laïc de l'abbaye de Saint-Martin-de-Tours.

Les premiers Capétiens

Les ennuis de Robert II

Fils et successeur de Hugues Capet, Robert II est surnommé « le Pieux » en dépit de ses démêlés avec l'Église. Après avoir épousé Rosala de Provence, le roi de France répudie celle-ci et se marie avec Berthe de Bourgogne. L'Église n'est pas contente : les deux époux sont cousins et ont le même filleul, ce qui est interdit. Le pape s'en mêle. Il excommunie le couple. Robert doit se soumettre et renvoie Berthe. Mais comme sa première épouse s'est retirée dans un couvent, il épouse en troisièmes noces Constance d'Arles.

Henri Ier, parjure et malchanceux

Son fils, Henri Ier, ne se débrouille pas très bien. Dans un premier temps, il promet son aide au jeune Guillaume, qui cherche à récupérer l'héritage laissé par son père, le duc de Normandie. Dans un second temps, Henri Ier change d'avis. Or, son armée est battue par celle de Guillaume (celui-ci a de qui tenir puisqu'il descend du Viking Rollon...). De plus, huit ans plus tard, en 1066, Guillaume conquiert l'Angleterre et en devient le roi. Dès lors surnommé Guillaume le Conquérant, il est beaucoup plus puissant que le roi de France... D'ailleurs, à la mort d'Henri Ier, Guillaume combat le nouveau roi, Philippe Ier.

Une dynastie qui se consolide

Bref, les premiers Capétiens n'ont guère de pouvoirs. Mais le sacre leur confère un grand prestige. De plus, ils ont la chance de vivre assez longtemps pour pouvoir faire sacrer leur fils de leur vivant. La couronne devient donc héréditaire. Ce qui renforce la monarchie. Ainsi dotée d'une base solide, les Capétiens se maintiennent sur le trône, et règnent sur la France pendant plus de huit siècles, jusqu'en 1792 et même au-delà, jusqu'en 1848. Ils vont aussi donner des souverains à d'autres pays (par exemple, le roi Juan Carlos d'Espagne est un descendant, certes lointain, vraiment très lointain, d'Hugues Capet).

Chevalier, troubadour et amour courtois

Sous ces premiers Capétiens, les villes s'émancipent sous l'autorité d'une bourgeoisie qui s'enrichit. Dans les campagnes, on défriche, on cultive la terre en mettant en œuvre de nouvelles techniques. De grandes foires apparaissent en Champagne où l'on utilise des lettres de change qui stimulent le commerce.

Paresseuses, vous aimeriez savoir à quoi ressemblait la France au Xe ou au XIe siècle ? Surmontez votre flemme ! Allez vous promener et visitez les donjons et châteaux de nos campagnes.

Avec un peu d'imagination, vous aurez la chance de voir un jeune noble s'entraîner à monter à cheval ou à manier une arme de poing. S'il a dans les dix-huit ans, vous le verrez recevoir une épée et des éperons lors de la cérémonie de l'adoubement. Ainsi devenu chevalier, devant vous, il jurera de protéger la religion chrétienne, le pauvre et l'orphelin, de se montrer courageux, honnête et généreux. Dans le champ, là-bas, d'autres nobles rompent des lances à l'occasion d'un tournoi. Le vainqueur recevra son prix des mains d'une belle dame : les vôtres ? Ensuite, vous regagnerez votre chambre, vous broderez ou lirez de la poésie, parlerez avec vos amies de l'amour courtois entre les hommes et les femmes.

Et pour parfaire votre connaissance de ces premiers siècles du Moyen Âge, paresseuses, allez donc contempler les voûtes romanes que les architectes français inventent à la fin du XIe siècle, afin de bâtir des édifices solides.

Paresseuses parisiennes, allez à Saint-Germain-des-Prés ou poussez jusqu'à la mystérieuse église de Morienval, dans l'Oise.

Normandes, rendez-vous à Caen, pour admirer l'Abbaye-aux-femmes ou l'Abbaye-aux-hommes, à l'allure si élégante.

Bourguignonnes, partez sur la trace des ultimes vestiges de la gigantesque abbaye de Cluny ; admirez le paysage qui s'offre au bas de la Madeleine de Vézelay ou allez voir l'austère et grandiose Saint-Philibert de Tournus.

Paresseuses du Sud-Ouest, faites le tour de Saint-Sernin de Toulouse ou gagnez la collégiale de Saint-Gaudens, au pied des Pyrénées.

Enfin, Angevines, n'oubliez aucun des monastères, aucune des églises composant la vaste abbaye de Fontevraud...

Le soir venu, nobles paresseuses, fermez les yeux, sachez accueillir dans votre château les jongleurs et les acrobates itinérants venus vous distraire, vous et votre famille. Vous ne serez peut-être pas indifférente à la prestance d'un jeune troubadour, peut-être le fils d'un puissant personnage, comme cela arrivait souvent, venu chanter la *Chanson de Roland* ou *Le Roman de Renart*...

Le temps des croisades

Le mot « croisades » vous dit quelque chose ? Le nom des Templiers aussi ? Bravo, vous savez l'essentiel. En plus, souvenez-vous juste que :

Jusqu'à la fin du XIe siècle, les Arabes, des musulmans, sont installés en Palestine. Ils ne s'opposent pas à ce que les chrétiens viennent à Jérusalem prier sur le tombeau du Christ. Mais les Turcs, désormais maîtres de la région et eux aussi musulmans, commencent à persécuter les pèlerins qui se rendent au Proche-Orient.

En 1095, le pape Urbain II appelle la noblesse d'Occident à partir en croisade pour aller « délivrer » ces territoires. Son appel est relayé par Pierre l'Hermite, né à Amiens ; paysans pauvres, plus ou moins fanatisés, et chevaliers européens, certains sincères, d'autres désireux de faire fortune, se rassemblent par dizaines de milliers. Parmi eux figurent beaucoup de Français.

Quatre ans plus tard, cette armée s'empare de Jérusalem. Divers royaumes dits « latins » sont créés en Palestine (Godefroy de Bouillon reçoit le royaume de Jérusalem).

Au total, huit croisades se succèderont, plus ou moins favorables aux Croisés. Cette présence chrétienne au Proche-Orient s'achèvera à la fin du XIIIe siècle, après de nombreux massacres commis de part et d'autre. Au grand soulagement des populations locales, qui auront vécu ces croisades comme de véritables invasions.

L'ordre des Templiers

Symbole des croisades, le fameux ordre des Templiers, composé de moines combattants, a été fondé en 1119 à Jérusalem pour défendre les Lieux saints. Richissime, il a été persécuté par Philippe IV le Bel avant de disparaître. De nombreuses villes ou villages gardent le souvenir des innombrables maisons et commanderies que les Templiers possédaient en France, comme, à Paris, le quartier du Temple. Paresseuses, à vos pelles, à vos pioches ! Tant de légendes existent, sur de prétendus trésors templiers encore enfouis dans des souterrains mystérieux...

Des hauts et des bas

Pendant tout ce temps, la France se développe. L'outillage agricole se perfectionne, les paysans déboisent à tour de bras. Certains serfs sont même affranchis. Des villes et des bourgs se créent ou s'agrandissent, les artisans et les commerçants se regroupent en associations. L'Église crée des écoles, secourt les pauvres et les malades. L'usage du français se répand dans toute l'Europe.

Et les rois capétiens, que deviennent-ils ?

Là, le constat est nuancé. Monté sur le trône en 1108, Louis VI le Gros ne se débrouille pas mal. Sa taille avantageuse lui donne sans doute l'assurance nécessaire pour accroître son autorité en mettant fin aux actes de brigandage des nobles d'Île-de-France. Il met aussi au pas de grands seigneurs en province. Grâce à ses talents de « justicier », le roi impose son autorité.

Un naufrage providentiel

Pour ce qui est du duc de Normandie (qui est aussi roi d'Angleterre, souvenez-vous !), Louis VI le Gros a de la chance : en 1120, au large du Cotentin, un naufrage envoie par le fond la Blanche-Nef, le navire qui transportait la quasi-totalité de la famille royale anglaise ainsi que de hauts personnages de la cour de Londres – seul un boucher en réchappe ! Ce qui va au-delà des espoirs du roi de France... et lui laisse le temps de combattre sur d'autres fronts.

Une séparation catastrophique

Fils et successeur de Louis VI le Gros, le roi Louis VII est – beaucoup – moins avisé que son père. Sur le plan politique, c'est même un incapable. Marié à Aliénor d'Aquitaine, il décide de s'en séparer au bout de quinze ans de mariage – il délaisse sa femme mais ne supporte pas que celle-ci trouve ailleurs de quoi lutter contre l'ennui...

Or, cette séparation s'avère catastrophique : Aliénor, intelligente et cultivée, se remarie aussitôt avec le comte d'Anjou, Henri II Plantagenêt, et lui apporte en dot l'Aquitaine. Lorsque celui-ci devient roi d'Angleterre, deux ans plus tard, il contrôle en plus un tiers de la France, des Pyrénées jusqu'à la Somme !

Encore une fois, la monarchie capétienne se trouve dans une mauvaise passe... C'est le début d'un long conflit, qui va de nouveau opposer la France et l'Angleterre (celui-ci est souvent surnommé « la première guerre de Cent Ans ». Mais attention, paresseuse, il ne faut pas le confondre avec l'autre guerre de Cent Ans, la « vraie », qui éclatera bien plus tard...).

Philippe II Auguste : un certain charisme

Le temps des cathédrales

Dès la seconde moitié du XIIe siècle, un nouveau style architectural apparaît en Île-de-France : l'art gothique. Fondé sur l'emploi de la voûte brisé, celui-ci permet de construire des édifices élevés et clairs, très solides en dépit de leur aspect élancé. Là, paresseuse, vous n'avez que l'embarras du choix si vous avez envie d'aller y voir de plus près, tant la France compte de cathédrales de cette époque : Beauvais, Bourges, Chartres, Paris, Reims, Rouen, Strasbourg, etc.

Haute politique et zizanie

Ce progrès technique est contemporain de l'arrivée au pouvoir d'un nouveau roi : Philippe II Auguste. Rien à voir avec son père, le sot Louis VII. Dès le début de son règne, le nouveau souverain agrandit le domaine royal. Pour affaiblir l'Angleterre et Henri II Plantagenêt, il sème la zizanie dans le camp adverse en soutenant les fils de ce dernier, révoltés contre leur père. Paresseuses, vous avez du mal à suivre, vous croyez entendre parler de ces garçons pour la première fois ? Pourtant, vous êtes en pays de connaissance : il s'agit des futurs Richard Cœur de Lion (rien à avoir avec le camembert) et Jean sans Terre.

La victoire de Bouvines

Philippe II Auguste récupère ainsi pas mal de territoires situés sur le continent (Anjou, Auvergne, Maine ou Normandie, etc.). Surtout, le 27 juillet 1214, le roi remporte une victoire décisive à Bouvines, près de Lille, en battant une coalition regroupant plusieurs adversaires. Ce succès, première grande bataille européenne, est fêté par la population. Ce qui peut être considéré comme une manifestation d'un certain sentiment national.

Paris sentirait-il mauvais ?

Un jour, penché à la fenêtre de son palais, Philippe II Auguste est pris à la gorge par les odeurs de boue qu'exhalent les rues de Paris, redevenue capitale. C'est décidé, le roi fera paver la ville. Sous ce règne, celle-ci se développe d'ailleurs beaucoup : construction d'une enceinte fortifiée (il en reste plusieurs vestiges, notamment rue des Jardins-Saint-Paul, dans le IVe arrondissement), du château du Louvre (qui a bien changé depuis) et du marché des Halles (aujourd'hui en banlieue, mais le quartier porte toujours ce nom).

Sale temps pour le sud de la France

La conquête du Midi...

Roi en 1223, Louis VIII continue à lutter contre l'Angleterre, peu à peu dépossédée de ses territoires continentaux, sauf la Gascogne et le Bordelais. Mais le roi ouvre un nouveau front. La papauté appelle à lutter contre l'hérésie cathare – ou albigeoise – qui défie l'Église catholique dans le sud-ouest de la France. Les nobles du nord sautent sur l'occasion. Ils ne sont pas mécontents de s'attaquer à cette région riche.

Le catharisme : cette dissidence du christianisme se développa en Europe aux XI et XIIe siècles. Les cathares croyaient en l'affrontement de deux principes éternels, le Bien et le Mal, et prônaient un ascétisme rigoureux.

En fait, il s'agit d'un affrontement entre la civilisation de la langue d'oïl, utilisée au nord du pays, contre la civilisation de la langue d'oc, employée au sud – oïl et oc veulent dire « oui ».

Le Languedoc est vite conquis. Or, maltraitée, la population de Toulouse se révolte. Louis VII décide alors d'intervenir. En 1226, il annexe le Languedoc au domaine royal... Bref, en massacrant ses sujets, le roi gagne un surnom avantageux : le « Lion ».

Déjà des machos

Son fils Louis IX lui succède en 1226, gouvernant d'abord sous la régence de sa mère, Blanche de Castille. Celle-ci prend conseil auprès du légat du pape et doit combattre les grands féodaux qui ne supportent pas qu'une femme gouverne le royaume.

Louis IX reprend le combat contre les Cathares : avec la prise de leur dernier refuge, le château de Montségur, ceux-ci sont alors définitivement vaincus (1244).

LES CHARMES DES PYRÉNÉES

Paresseuses des Pyrénées, vous pouvez aller visiter le site du *pog* (éperon rocheux) de Montségur (Ariège). Mais inutile de chercher un indice pour retrouver le mythique trésor des Cathares : les ruines qui s'y trouvent sont celles d'une forteresse postérieure à l'épopée cathare.

Toujours les croisades

En 1248, le roi participe à la septième croisade (il a fait spécialement aménager le port d'Aigues-Mortes pour mener à bien l'embarquement de son armée). Louis IX est fait prisonnier deux ans plus tard et est libéré après le versement d'une rançon, puis revient ensuite en France après une longue absence (1252).

En 1259, il conclut la paix avec l'Angleterre des Plantagenêts. Ce qui lui permet de réformer profondément la France. Il travaille, pour schématiser, à mettre sur pied un État réformé, au service du bien commun, dans tous les domaines (monnaie, justice, maintien de l'ordre, comptabilité publique, organisation de l'activité commerciale, etc.).

Images d'Épinal

Imprimées à partir du XVIIIe siècle, les anciennes images d'Épinal ont popularisé plusieurs scènes où figure Louis IX, qui se sont à leur tour imprimées dans l'imaginaire collectif :

- Louis IX occupé à régler un litige sous un chêne, à Vincennes. En effet, ce roi a largement modernisé l'administration du royaume, dont celle de la justice, favorisé le commerce en organisant les métiers, rationalisé la législation en vigueur et généralisé l'usage de la monnaie royale,
- Louis IX prenant soin des lépreux. Le roi s'est certes préoccupé des malades, des aveugles, des mendiants, des étudiants pauvres, etc.,
- et, pour finir, Louis IX, victime d'une épidémie, agonisant sous les murs de Tunis, en 1270, lors de la huitième croisade.

Très pieux, ce qui lui vaut d'être très respecté de son vivant par les autres états de la chrétienté, le roi édifie à Paris la Sainte-Chapelle, chef-d'œuvre gothique arrivé à peu près intact jusqu'à nous, pour abriter des reliques –

ou supposées telles – de la passion du Christ. Ce qui lui vaut d'être canonisé par l'Église à la fin du XIIIe siècle et d'être depuis appelé saint Louis.

Mais il ne faut pas oublier qu'à cette époque, la foi ne s'accorde guère avec la tolérance : outre les massacres dont les cathares du Midi font les frais, Louis IX persécute les juifs (notamment en leur imposant le port d'un insigne discriminant). Il introduit aussi en France les tribunaux de l'Inquisition, si prompts à brûler les hérétiques...

Le Hardi et le Bel

Un surnom immérité

Le règne sans éclat de son fils, Philippe III, ne marque guère l'histoire. En dépit de son surnom, « le Hardi », ce roi est quelque peu écrasé par le souvenir de son père et dominé par ses conseillers (sa mère, son épouse, etc.).

En particulier, il s'avère impuissant à conserver le contrôle de la Sicile qui se trouve dans la sphère d'influence française depuis peu. *Les Vêpres siciliennes*, cela vous dit quelque chose, paresseuse mélomane ? Cet opéra de Giuseppe Verdi raconte le coup d'État lors duquel les Siciliens massacrent les chevaliers français en 1282...

Philippe IV

Un roi inflexible

Roi en 1285, son fils, Philippe IV le Bel, est d'une trempe bien différente. Désireux d'affermir le pouvoir de la monarchie et d'amoindrir celui de la papauté, il recourt à tous les moyens qui s'offrent à lui : la ruse, la violence, l'autorité de la loi et la sagesse de ses conseillers, l'accroissement des impôts, etc.

Plusieurs affaires célèbres, entre autres, témoignent de sa détermination :

- le roi et Boniface VIII se querellent depuis plusieurs années. En 1303, hors de lui, Philippe IV le Bel envoie des militaires en Italie s'emparer du pape. Celui-ci se débat, se fait taper dessus, appelle la population à sa rescousse. Les Français renoncent. Mais le pape, humilié, choqué, meurt peu après,
- trois princesses de la cour, dont deux des brus du roi, sont accusées de tromper leurs époux. Philippe IV le Bel voit rouge. En 1314, les trois malheureuses sont jugées, condamnées et emprisonnées (l'une d'elle mourra même dans sa geôle). Leurs amants sont torturés avant d'être mis à mort. C'est l'affaire dite de la Tour de Nesle (ne cherchez pas ce bâtiment, il n'existe plus que son plan, sur la façade du palais de l'Institut, dans le VIe arrondissement de Paris).

Un procès totalitaire

Mais la plus fameuse action de Philippe IV le Bel concerne l'anéantissement de l'ordre des Templiers.

Un matin d'octobre 1307, tous les Templiers de France sont arrêtés en même temps, sur l'ordre de Philippe IV le Bel. Une véritable rafle. Emprisonnés, ces malheureux sont accusés de sodomie, d'idolâtrie, etc. L'opinion publique, indisposée par la richesse fabuleuse de l'ordre, reste indifférente à leur sort. Les procédures s'éternisent. Torturés, beaucoup succombent ou avouent ce qu'on veut leur faire dire. D'autres tiennent tête au roi. Mais celui-ci convainc le nouveau pape Clément V de dissoudre l'ordre (1312). Les dignitaires, dont le grand-maître Jacques de Molay, sont brûlés à Paris (1314). Au terme d'une formidable opération de propagande, la police et la justice lui étant totalement soumises, le roi récupère ensuite l'essentiel des avoirs de l'ordre... Un bel exemple de mensonge et de crime d'État.

DES CONSEILS À APPLIQUER SANS SCRUPULES

Vous êtes un roi de France du Moyen Âge et vous avez besoin d'argent ? Confisquez donc les biens des négociants lombards et juifs, ce sont des étrangers, personne ne s'en souciera. Cela ne suffit pas ? Vous êtes audacieux et n'avez aucun scrupule ? Votre royaume accueille le siège d'un ordre de moines soldats richissimes, devenue la principale institution financière de la chrétienté ? Qu'à cela ne tienne, emparez-vous de cette fortune, elle vous tend les bras. Inspirez-vous de l'histoire des Templiers...

Une affaire de famille

Philippe IV le Bel s'est donc donné beaucoup de mal pour renforcer la royauté. Il ignorait bien entendu que la malchance allait s'abattre sur ses fils, donner un nouveau cours à l'histoire de France et conduire à une longue guerre avec un pays voisin... Le destin est implacable ! Paresseuses, suivez bien l'enchaînement des faits, en quatre actes :

Premier acte

Louis X le Hutin succède à son père Philippe IV le Bel en 1314. Il est d'emblée confronté à une crise économique et sociale mais ne s'en sort pas trop mal. Or, il disparaît jeune, en 1316. Son épouse est enceinte. Cinq mois plus tard, elle met au monde un fils. Ce dernier est aussitôt proclamé roi sous le nom de Jean Ier. Mais il ne vit que quelques jours. C'est la première fois, sous les Capétiens, que le roi défunt ne laisse pas de fils en âge de gouverner.

Deuxième acte

Que faire ? Le seul enfant en vie de Louis X le Hutin est une fille, Jeanne, née d'un premier mariage. Peut-elle devenir reine de France ? Les avis sont partagés. Des spécialistes brandissent alors une vieille règle du temps des francs, la loi salique. Pas très claire, celle-ci paraît interdire aux femmes (et à leur descendance) de régner. Hop, on escamote la jeune Jeanne. La couronne est ainsi « récupérée » par le frère de Louis X le Hutin, Philippe V le Long.

Troisième acte

Philippe V le Long se met à gouverner. Il poursuit la réorganisation du royaume entreprise par Philippe IV le Bel. Parce que l'époque n'est pas tendre, il recommence à persécuter les juifs et s'en prend aussi aux lépreux. Or, lui aussi, il meurt soudain, en 1322, sans héritier mâle. Comme la dernière fois, c'est son frère cadet qui lui succède.

Quatrième acte

Celui-ci, Charles IV le Bel, est à court d'argent, comme ses prédécesseurs immédiats. Il augmente les impôts ou en crée. Il organise aussi un recensement du royaume. Mais le sort s'abat sur sa famille. À son tour, Charles IV le Bel meurt prématurément, en 1328. Comme à la fin du règne de son aîné Louis X le Hutin, son épouse est enceinte. Le suspense est à son comble... Or c'est une petite fille qui vient au monde. C'est donc la fin des Capétiens directs. En vertu de la loi salique, la couronne passe à un cousin du défunt. Certes, celui-ci est un Capétien, petit-fils de Philippe III le Hardi. Mais il appartient à une branche cadette, les Valois.

PEU VOUS IMPORTE ?

Paresseuses qui avez la flemme d'aller au bout du raisonnement, vous trouvez que cela ne change pas grand-chose, après tout, que tel ou tel soit roi plutôt qu'un autre ? Soyez féministe ! Pensez aux droits des femmes ! C'est exactement, d'ailleurs, ce que font à cette époque les Anglais. Lisez donc la suite...

15 DATES ESSENTIELLES À RETENIR SI VOUS AVEZ ÉTÉ TROP PARESSEUSE POUR LIRE LE CHAPITRE 2

1. 481-511

Le chef franc Clovis, fondateur de la dynastie des Mérovingiens, règne pendant trente ans. Il embrasse le christianisme. À sa mort, le royaume est partagé entre ses héritiers. Peu à peu, le nom « France » remplace celui de « Gaule ».

2. 629-639

Pendant son règne, le roi Dagobert Ier (celui de la chanson) rétablit pendant un temps l'unité du royaume, détruite par les successeurs de Clovis.

3. 732

Une bataille oppose, à Poitiers, les Francs aux Arabes, qui viennent de conquérir l'Espagne.

4. 751

Le dernier roi mérovingien est détrôné par Pépin le Bref, personnage le plus influent du royaume et fondateur de la dynastie des Carolingiens.

5. 771-814

Le long règne de Charlemagne correspond à une période brillante : création d'un vaste empire, de structures sophistiquées destinées à l'administrer, renouveau des lettres et des arts. C'est la renaissance carolingienne.

6. 843

L'Empire carolingien est démembré. Deux nouveaux états apparaissent qui, plus tard, formeront la France et l'Allemagne.

7. IXe siècle

Les Vikings venus du nord remontent les rivières jusqu'aux monastères et aux grandes villes qu'ils pillent en semant la terreur.

8. Début du xe siècle

Des Arabes venus des côtes sud de la Méditerranée s'aventurent sur les côtes méridionales du royaume et les ravagent.

9. 987

Couronné à Noyon, Hugues Capet fonde une nouvelle dynastie, celle des Capétiens.

10. 1095

Le pape lance la première croisade, à laquelle les chevaliers français prennent une large part.

11. 1214

Philippe II Auguste remporte la victoire de Bouvines. C'est la première bataille à dimension européenne.

12. 1223-1270

Durant son long règne, Louis IX (saint Louis) combat les cathares (hérétiques du Midi) et persécute les juifs. Grand administrateur, il meurt pendant la VIIIe croisade.

13. 1285-1314

Durant son règne, Philippe IV le Bel affermit l'autorité royale en s'opposant notamment au pape. Il démantèle le puissant ordre des Templiers pour s'emparer de ses richesses.

14. 1316

À la mort du roi Jean Ier, sa demi-sœur est écartée du trône en vertu de la loi salique. La couronne passe à leur oncle, fils de Philippe IV le Bel.

15. 1328

Après Charles IV le Bel, dernier fils de Philippe IV le Bel et dernier Capétien direct, le trône est dévolu à la branche capétienne des Valois.

chapitre 3

Comment tout savoir sur la Renaissance
(rien à voir avec le *rebirth*...)

Autant de catastrophes en même temps, vous pensiez que ça n'arrivait qu'à vous ?

Hé bien non. Reprenons. Un Capétien de la branche des Valois monte sur le trône en 1328 : Philippe VI de Valois. Au début, tout va bien, ou à peu près. Mais en 1340, le roi d'Angleterre Édouard III conteste la loi salique et se proclame roi de France. Il faut dire qu'il a de sérieux droits à faire valoir. Par sa mère, sœur des trois derniers rois, il est le petit-fils de Philippe IV le Bel. La guerre de Cent Ans commence...

La guerre de Cent Ans

En 1346, l'armée anglaise franchit la Manche. *A priori*, la France est à cette époque plus riche et plus peuplée que l'Angleterre. Elle ne devrait donc rien avoir à craindre. Or, ses troupes sont mal équipées, les soldats mal entraînés. Les deux armées s'affrontent à Crécy. Présomptueux, les Français ne doutent pas un instant de leur victoire. Mais les archers de Philippe VI de Valois ne peuvent rivaliser avec les arbalétriers anglais, bien plus rapides. Les Français sont battus à plate couture. Un an plus tard, Édouard III s'empare de Calais, pour se doter d'un port apte à faciliter le débarquement de ses troupes : ça promet...

Puis la peste

Philippe VI de Valois n'est pas au bout de ses peines. En 1347, la France est frappée par une épidémie de peste qui ravage d'abord Marseille. En quelques mois, sans doute un tiers de la population française meurt. Les survivants sont apeurés, affamés. D'ailleurs, l'Europe tout entière est décimée.

Tout cela est bien affligeant. Paresseuses, pour nous changer les idées, parlons plutôt d'une créature marine, connue pour être affectueuse et serviable. Le dauphin est en effet, pour une raison mal connue, le gracieux symbole du Dauphiné. En 1349, parce qu'il manque d'argent, le dernier seigneur de ce territoire vend son domaine à Philippe VI de Valois. Désormais, l'héritier du roi de France prendra le titre de dauphin...

En dépit de cet accroissement du royaume, le bilan du règne de Philippe VI, qui s'éteint en 1350, n'est vraiment pas brillant...

Jean II le Bon : que des erreurs !

Le règne suivant n'est pas plus réjouissant. La faute au nouveau roi, Jean II le Bon, qui n'est vraiment pas à la hauteur.

Toujours en conflit avec les Anglais

Après une courte accalmie, la guerre avec l'Angleterre reprend. En 1355, le fils du roi d'Angleterre débarque à Bordeaux. Le Prince Noir – il n'est pas originaire d'Afrique subsaharienne mais porte une armure sombre – ravage le sud-ouest de la France.

Un an plus tard, c'est la bataille de Poitiers. Mal engagée par les Français, elle tourne vite à la déroute après que le roi Jean II le Bon, mauvais stratège, a décidé de combattre à pied (le terrain est marécageux). Paresseuse, vous vous souvenez : le plus jeune fils du roi de France est obligé d'aider son père, alors que les coups pleuvent de toutes parts : « Père, gardez-vous à droite, père, gardez-vous à gauche ! ». Pathétique... Le dévouement du garçon – il a quatorze ans – ne sauve pas le roi Jean II qui est fait prisonnier et emmené en Angleterre.

À Paris, on en profite : en 1358, une puissante révolte menée par le riche prévôt des marchands, Étienne Marcel, conteste l'autorité du dauphin qui, en l'absence du roi prisonnier, tente de limiter les dégâts. Le dauphin est fait prisonnier, s'enfuit, se venge. Ses partisans lancent une contre-attaque. Étienne Marcel y perd la vie. Mais il y gagne, plus de 500 ans plus tard, une rue et une station de métro à son nom, dans le centre de la capitale.

Un roi libre mais une France amputée

Deux ans plus tard, Jean II le Bon est libéré contre une importante rançon et l'abandon de vastes territoires par la France (celle-ci est ramenée aux limites qui étaient les siennes au début du XIIIe siècle). Un désastre. Mais ce n'est pas fini...

UNE PETITE VISITE AU LOUVRE ?

Pour savoir à quoi ressemblait Jean II Le Bon, paresseuses, allez au Louvre. Le tableau qui le représente de profil est considéré comme l'un des premiers portraits réalisés en France du vivant du personnage représenté.

En 1363, pourtant, le roi de France retourne en Angleterre. Attiré par le climat ? Séduit par l'hospitalité de ses geôliers ? En fait, il avait laissé l'un de ses fils en otage, et celui-ci a préféré s'enfuir pour rejoindre sa jeune épouse. On peut le comprendre... Jean II le Bon, lui, ne semble pas songer que, parfois, mieux vaut revenir sur la parole donnée. Trop chevaleresque mais pas assez homme d'état, il quitte donc la France qui a pourtant tant besoin de lui et regagne Londres où il meurt l'année suivante. Un bel exemple de courage et d'abnégation inutiles...

Un roi sage, un roi fou

Le roi sage

Fils de Jean II le Bon, Charles V le Sage lui succède en 1364. Plus avisé que son père, il fait appel à des militaires de grande valeur comme par exemple, Bertrand du Guesclin.

Bertrand du Guesclin et le rétablissement militaire

Parmi les actions de ce dernier, il faut retenir :

- **la déroute infligée à l'armée de Charles le Mauvais**, roi de Navarre et allié des Anglais. Ce qui renforce l'autorité et le prestige du roi ;
- **la réussite d'une mission menée hors des frontières :** du Guesclin emmène guerroyer en Espagne des soldats démobilisés (les « Grandes Compagnies ») qui ravagent et pillent la France ; l'objectif est atteint : ces militaires incontrôlables ne reviendront jamais ;
- **l'affaiblissement des Anglais.** De retour en France, nommé connétable, du Guesclin reprend la guerre. Évitant les grandes batailles, il mène une action de guérilla qui lui permet de reconquérir l'essentiel du territoire.

La consolidation du royaume

De son côté, Charles V le Sage renforce les institutions (il fixe à treize ans la majorité de ses successeurs), fonde la Bibliothèque royale (ancêtre de la Bibliothèque nationale de France) et protège l'Université. Il édifie aussi la Bastille pour défendre l'est de la capitale. Pas la peine de rappeler ce qu'il est advenu de ce château, n'est-ce pas, paresseuses ? Qui ignorerait que la prise de cette forteresse, le 14 juillet 1789, constitue l'un des principaux événements de la Révolution ?

Bref, le règne de Charles V le Sage est plutôt réparateur. Quand il meurt, en 1380, l'Angleterre ne contrôle plus, sur le continent, que quelques villes (Bordeaux, Calais, Cherbourg, etc.). La France est-elle sortie d'affaire ? Pas du tout. Le pire va arriver. On vous le dit, *Urgences*, à côté, c'est rien !

LES MARMOUSETS DE CHARLES V

Non, paresseuses, ce n'est pas le nom des enfants du roi mais celui de ses conseillers, ainsi surnommés par leurs adversaires politiques qui se moquaient de leur appartenance à la petite noblesse.

Le roi fou

À son avènement, Charles VI n'est qu'un enfant et ses oncles dirigent le pays en son nom. En 1388, le roi décide de gouverner par lui-même. Au début tout va bien. Mais un jour de 1392, il est la proie d'un accès de folie alors qu'il traverse la forêt du Mans. L'année suivante, le drame du bal des Ardents achève de faire basculer le roi dans la déraison. Dès lors, Charles VI ne connaîtra plus que de brève périodes de lucidité.

Le bal des Ardents

Non, détrompez-vous, ce n'est pas le nom donné à une soirée dansante rassemblant tous une bande de jeunes gens très amoureux les uns des autres. Au contraire, il s'agit d'une tragédie !

Un bal masqué est donné à Paris en 1393. Charles VI et ses amis revêtent des costumes de résine et de plume. Un danseur approche une torche. Un vêtement s'embrase. Plusieurs danseurs sont brûlés vifs. Le roi en réchappe par miracle. Mais cela n'arrange pas sa santé mentale.

Complètement fou, le roi ne gouverne plus ; ses oncles reprennent le pouvoir mais se disputent. Une véritable guerre civile se met en place. Elle va durer trente ans et opposer deux partis : les Armagnacs et les Bourguignons, menés par le duc Jean sans Peur. Voilà un surnom immérité : Jean sans Peur craignait plus que tout d'être assassiné. Il s'était fait construire une tour dotée d'une chambre particulièrement difficile d'accès. Cet édifice existe toujours, rue Étienne-Marcel, dans le 2e arrondissement. Paresseuses, n'ayez pas peur de grimper son escalier à vis de 140 marches : c'est le seul exemple d'architecture féodale militaire à Paris.

Encore les Anglais

Les Anglais tirent profit de ces dissensions d'autant que la reine Isabeau de Bavière, épouse de Charles VI, se range de leur côté – la traîtresse ! Une armée débarque en Normandie en 1415 et affronte les troupes françaises à Azincourt (dans l'Artois). Lourdement équipées, celles-ci sont écrasées (depuis le début de la guerre de Cent Ans, elle a d'ailleurs quelque peu l'habitude).

Et ce n'est pas fini ! En 1420, les Anglais s'emparent de Paris. La France est obligée de signer le traité de Troyes, particulièrement désastreux. L'Aquitaine et la Normandie sont « données » à l'Angleterre. Le fils aîné du roi de France est déclaré bâtard. Le trône est offert au roi d'Angleterre qui, en plus, épouse la fille de Charles VI et d'Isabeau... Bref, la France n'existe quasiment plus... Charles VI – le Fou – meurt en 1422. Mais s'en rend-il compte ?

Un garçon hésitant, une jeune fille déterminée (vous voyez, rien n'a changé !)

Une France, trois France

Bon, un petit récapitulatif avant d'aborder un épisode important. En 1422, à la mort de Charles VI le Fou, la France est partagé en trois. Les Anglais, qui revendiquent toute la France, en administrent seulement le nord-ouest. Le duc de Bourgogne tient le nord-est. L'héritier légitime du trône – Charles VII – contrôle les territoires situés au sud de la Loire, hors le littoral atlantique. Il habite le plus souvent à Bourges. Pour se moquer de lui, ses ennemis le surnomment le petit « roi de Bourges ». Sans argent, Charles VII est, en plus, très mal dans sa peau : il craint d'être vraiment un bâtard (Isabeau de Bavière ayant eu une vie assez libre) et cela le mine...

L'épopée d'une jeune fille

Pour la suite, même les plus paresseuses des plus paresseuses savent – en gros – ce qui s'est passé... En 1429, une jeune fille va trouver Charles VII à Chinon. Illettrée, elle réussit à l'identifier alors qu'il s'est mêlé à ses courtisans, juste pour voir comment la nouvelle venue va se débrouiller. Affirmant être guidée par des voix célestes, celle-ci lui demande de lui confier une troupe pour délivrer Orléans, ville assiégée par les Anglais. Paresseuses, bien sûr, vous avez compris, il s'agit de Jeanne d'Arc.

ELLE ENTEND DES VOIX

Née en 1412 en Lorraine dans une famille de paysans aisés, Jeanne d'Arc n'a pas une enfance tout à fait normale... Dès l'âge de treize ans, elle assure entendre les voix de saint Michel, sainte Catherine et sainte Marguerite ; ceux-ci lui demandent alors, selon elle, de libérer la France de la présence anglaise. Jeanne sera d'ailleurs canonisée en 1920.

Mais Charles VII n'a vraiment pas confiance. Ni en lui, ni en la jeune fille. Il hésite, consulte des théologiens avant d'accéder aux désirs de la guerrière. Armée et dotée d'une troupe, en quelques mois, celle-ci va de victoire en victoire : elle oblige les Anglais à lever le siège d'Orléans, remporte la bataille de Patay. Et, surtout, conduit Charles VII à Reims pour qu'il y soit sacré.

Mais en 1430, Jeanne d'Arc est capturée par les Bourguignons qui la remettent aux Anglais. Ceux-ci la font juger, à Rouen, par un tribunal ecclésiastique qui leur est acquis. Que lui reprochent ses juges ? Pas mal de choses : d'être une sorcière, de refuser de se soumettre à l'Église et... de porter des vêtements d'homme ! (ce qui, à l'époque, met les prêtres hors d'eux). Condamnée, Jeanne d'Arc est brûlée vive en 1431. Particulièrement ingrat, Charles VII n'a rien tenté pour lui venir en aide...

Au fait, paresseuses, quel est le nom de l'évêque qui présidait le tribunal de Rouen ? Oui, c'est ça : Pierre Cauchon. Un nom prédestiné ! Et le surnom donné à Jeanne d'Arc (ça, vous le savez) ? La Pucelle.

Tout requinqué par son sacre, Charles VII poursuit sans Jeanne la reconquête de son royaume qu'il réorganise en même temps : il institue un impôt régulier et crée une armée royale permanente. Cette troupe reprend aux Anglais la Normandie en 1450 et la Guyenne trois ans plus tard, à l'issue de la bataille de Castillon. Avec ce dernier combat s'achève – enfin ! – la guerre de Cent Ans.

Le royaume se remet en état de marche, le servage disparaît quasiment, une paysannerie aisée voit le jour. Au terme d'un long règne riche en péripéties, Charles VII meurt en 1461.

Saviez-vous qui était surnommé l'araignée universelle ?

Un roi superstitieux...

Vu depuis le XXIe siècle, Louis XI ne paraît ni très séduisant, ni très sympathique... Tout au long de son règne, il ne cesse d'intriguer et de ruser, d'espionner et de trahir... Et il y a ces images tenaces, qui font peur ou agacent :

- le jeune Louis, encore héritier du trône, qui aurait peut-être empoisonné la belle Agnès Sorel, belle et jeune maîtresse de son père,
- Louis XI, au chapeau recouvert de médailles pieuses, qui paraissent autant d'amulettes ridicules,
- le cardinal La Balue qui, parce qu'il a comploté contre lui, aurait été enfermé par Louis XI durant de longues années dans une étroite cage de fer suspendue au plafond la nuit,
- Louis XI, sournois, se déguisant en simple bourgeois pour se mêler à la foule et écouter ce qui se dit dans les rues...

... et un cousin superbe

Toujours occupé à échafauder un plan, Louis XI est surnommé l'« Araignée universelle ». Louis XI paraît d'autant plus antipathique qu'il est aisé de le comparer avec son cousin, le duc de Bourgogne Charles le Téméraire, fastueux, élégant, fougueux, bon cavalier... bref, un homme, un vrai, un de ceux qui vous aurait peut-être séduites, paresseuses, si vous l'aviez rencontré...

Un beau jour de 1468, Louis XI va trouver Charles le Téméraire à Peronne. C'est alors que des messagers apportent une nouvelle inattendue. Les habitants de Liège se sont révoltés contre Charles, probablement sur les conseils de Louis XI. Celui-ci est pris au piège et retenu contre son gré. Pour recouvrer la liberté, humilié, le roi de France doit accepter de céder à son cousin de nombreux territoires.

Finalement, Charles le Téméraire périt en faisant le siège de Nancy, en 1477. C'est la fin de la puissance bourguignonne. Louis XI, lui, meurt en 1493. Au milieu de toutes ses amulettes...

En fait, Louis XI a été un grand roi. Il n'a eu de cesse d'assurer l'indépendance politique et économique du royaume et, surtout, d'affirmer la souveraineté du pouvoir royal face aux grands seigneurs et particulièrement Charles le Téméraire (celui-ci cherche à reconstituer l'ancienne Lotharingie du temps des Carolingiens).

Pour finir, paresseuses, retenez que ce roi, vraiment tout à son métier de roi, a agrandi la France, protégé l'industrie et le commerce, modernisé l'usage de la monnaie et le système des postes. En bref, il a préparé l'établissement d'une monarchie puissante.

Affable et populaire, mais belliqueux : Charles VIII

À la mort de Louis XI, son fils lui succède. Celui-ci, Charles VIII, devait être bien différent de son père puisqu'il a été surnommé l'« Affable ». Aimable donc, mais guerrier puisqu'il inaugure le cycle des guerres d'Italie.

Pour commencer, Charles VIII signe des accords de paix avec l'Angleterre, l'Espagne et le Saint Empire romain germanique, pour ne pas avoir à s'occuper de plusieurs conflits en même temps. Une fois que ses arrières sont assurés, il se lance en 1495 dans une guerre de conquête en Italie. Le prétexte est assez mince : un ancien roi de Naples aurait transmis à Louis XI des droits sur ce port prospère et sa région.

Un échec...

Les Français remportent d'abord une série de victoires. Mais les Italiens qui, après tout, sont envahis, se rebiffent et contre-attaquent. Charles VIII regagne la France et, l'année suivante, son armée perd les dernières places tenues en Italie. Bref, par-delà son coût humain, cette aventure militaire se solde par un échec.

Mais, elle permet aux Français de prendre la mesure de la Renaissance que connaît alors l'Italie et qui va ainsi ensemencer la civilisation française.

Non, paresseuses, le terme *Renaissance* n'a rien à voir avec une histoire de morts-vivants ! En 1453, les Turcs se sont emparés de Constantinople, ce qui a marqué la fin de l'Empire romain d'Orient, déjà réduit à presque rien depuis plusieurs décennies. De nombreux artistes, peintres, sculpteurs, astronomes, philosophes, médecins, etc., héritiers des savoirs de l'Antiquité gréco-romaine, se sont réfugiés en Europe et y ont diffusé leurs idées et connaissances. Cet apport a puissamment revivifié la civilisation européenne.

Sachez, paresseuses, encore deux choses sur Charles VIII :

- à la mort de son père Louis XI, le jeune roi n'est qu'un enfant. La régence est assurée par sa sœur aîné, Anne de Beaujeu, qui a combattu avec énergie les nobles révoltés,
- en 1491, le jeune roi épouse la duchesse Anne de Bretagne, ce qui annonce le rattachement de cette région au royaume. En fait, les derniers grands fiefs sont en train de disparaître, la France s'unifie.

Et maintenant, le plus étonnant – et le plus pittoresque ?

Un jour de 1498, Charles VIII voulut assister en compagnie de sa femme à une partie de jeu de paume (ancêtre du tennis) qui se déroulait dans les fossés du château d'Amboise. Il leur fallait pénétrer dans une galerie qui servait de toilettes publiques. Le roi fut-il incommodé ? En tout cas, il se heurta au chambranle. Si fort qu'il en mourut sur-le-champ !

Nouveau roi

Comme Charles VIII n'a pas de fils, c'est un cousin qui lui succède : Louis XII. Le nouveau roi épouse la veuve de son prédécesseur, la duchesse Anne de Bretagne, pour ne pas « perdre » cette région. Que pouvait bien penser cette femme, en étant ainsi contrainte par la diplomatie de passer d'un lit à un autre sans trop pouvoir dire ce qu'elle pensait ?

Guerres d'Italie : c'est reparti !

Louis XII n'est sans doute pas un méchant homme puisqu'il décide de réduire l'impôt frappant les roturiers. Il reçoit d'ailleurs de son vivant le surnom de « Père du Peuple ». Mais dans la famille, il semble qu'on ait du mal à résister à l'envie d'aller ennuyer les Italiens. Louis XII repart donc guerroyer par-delà les Alpes. Dans un premier temps, les Français s'emparent de Milan et de Naples, ce qui leur permet de contrôler l'essentiel de la péninsule. Contraints d'abandonner leurs conquêtes en 1504, ils reviennent à la charge et, encore une fois, sont vaincus et obligés de repartir en 1512...

À la mort de sa première femme, Anne de Bretagne, Louis XII épouse une jeunesse de dix-huit ans, la sœur du roi Henri VIII d'Angleterre (vous savez, paresseuses, celui qui s'est marié six fois et a fait décapiter deux de ses épouses...). La guerre a-t-elle fatigué Louis XII avant terme ? En tout cas, quelques semaines après son mariage, il expire. Lui non plus n'a pas de fils. Un sien cousin lui succède : François Ier.

Du faste, de la grandeur et des femmes !

Il y a tant de choses à dire sur François Ier... Par où commencer ? Dire par exemple que le roi était bel homme et mesurait 1,90 m. Le reste est à l'avenant : démesuré, magnifique.

1515, c'est Marignan !

François Ier renoue avec les guerres d'Italie l'année même de son avènement. Il remporte la bataille de Marignan (paresseuses, la bravoure de Bayard, « le chevalier sans peur et sans reproche », cela ne vous rappelle rien ?). Alliés aux Italiens, les Suisses sont vaincus. Ils font la paix et, pas rancuniers, s'engagent à fournir au roi une garde d'élite, les fameux gardes suisses, qui garderont les rois jusqu'au XIXe siècle.

Échecs en série, mais avec quel panache !

Après ce succès, plusieurs échecs graves :

- **en 1519, François Ier échoue à se faire élire à la tête du Saint Empire romain germanique** : il est battu par Charles Ier d'Espagne (Charles Quint d'Autriche, membre de la puissante famille des Habsbourg). Pendant plusieurs siècles, la France va se trouver encerclée par les territoires contrôlés par l'axe Madrid-Vienne, des Habsbourg régnant dans l'une et l'autre capitale,
- **pour desserrer cet étau, François Ier tente d'obtenir le soutien du roi d'Angleterre Henri VIII.** Il ne regarde pas à la dépense et met les petits plats dans les grands lors de la fastueuse réception du camp du Drap d'or, en 1520. Peine perdue : Henri VIII s'en moque et se rapproche même de Charles Quint !
- **la guerre reprend en Italie.** François Ier est fait prisonnier lors de la bataille de Pavie, en 1525, et emprisonné plusieurs mois à Madrid.

Pragmatisme

De retour de Madrid, François Ier prend cette fois le taureau par les cornes. Comment faire pour se sentir moins seul ? Bien que la France soit catholique, le roi se rapproche du musulman Soliman le Magnifique, souverain de l'Empire ottoman, et des princes protestants d'Allemagne. Cela cause un beau scandale : les Turcs sont les ennemis de la Chrétienté.

Fastes et femmes

Pas trop chanceux en politique étrangère, François Ier se rattrape dans son propre royaume. Tout au long de son règne, il affirme son autorité, le pouvoir de la royauté sur l'Église. Il envoie des fonctionnaires royaux dans les provinces, améliore la gestion des comptes publics, etc. Bref, après Louis XI, il prépare l'établissement de la monarchie absolue.

Le roi s'entoure d'une cour fastueuse et raffinée, composée de 10 000 à 15 000 personnes, crée des postes d'« officiers ». Pour l'accueillir, il redécore magnifiquement le palais de Fontainebleau et bâtit d'autres châteaux fabuleux : Madrid (dans le bois de Boulogne), Saint-Germain ou Villers-Cotterêts et surtout Chambord au plan duquel le génial Léonard de Vinci a peut-être participé.

François Ier apprécie beaucoup les femmes, multiplie les aventures sentimentales (il mourra de la syphilis en 1547). Il a des favorites comme la duchesse d'Étampes. Que les plus romantiques des paresseuses se souviennent des mots désenchantés que le roi aurait gravé un jour sur une vitre de son cabinet de travail, à l'aide du diamant de sa bague : « Souvent femme varie. Bien fol est qui s'y fie ». Ça vous fait rêver, non ?

UN PETIT TOUR À CHAMBORD

Faites mentir votre réputation et remuez-vous un peu, du moins si vous avez l'âme d'une princesse. Passez votre plus belle robe de cour et mettez vos plus beaux bijoux : le roi court le cerf non loin de ce château de Chambord. N'hésitez pas à monter le fameux escalier de pierre à double vis jusqu'au toit-terrasse. Orné de clochetons pareils à des maisons de fée, celui-ci servait en effet d'observatoire à la cour, notamment pour admirer le retour des chasseurs.

On ne vous a pas attendu pour refaire le monde

Comme toute l'Europe, la France connaît, au XVIe siècle, un formidable débat d'idées. L'invention récente de l'imprimerie par l'Allemand Johannes Gutenberg (assez longtemps après les Chinois) favorise ces échanges.

De l'action, des héros, des poèmes...

Ceux des sujets de François Ier qui savent lire peuvent alors se plonger dans les romans héroï-comiques de François Rabelais, les poèmes de Clément Marot, Joachim du Bellay ou Pierre de Ronsard, les œuvres philosophiques de Michel de Montaigne. C'est sur les conseils d'un autre philosophe, Guillaume Budé, que François Ier crée le prestigieux Collège de France (toujours en activité) pour enseigner les savoirs nouveaux.

Surtout, à cette époque, la chrétienté est frappée de plein fouet par l'irruption du protestantisme. Dès 1519, cette religion nouvelle et les idées qui l'accompagnent, révolutionnaires, se propagent vite en France. D'abord, François Ier se montre tolérant.

L'affaire des Placards

Mais quinze ans plus tard, l'affaire des Placards provoque la colère du roi. Non, paresseuses, François Ier n'a rien trouvé d'horrible – ni assassin aux aguets, ni amant caché – en fouillant dans les armoires de son château !

En 1534, des « placards » (affiches) sont apposés en plusieurs endroits, jusque sur la porte de la chambre du roi, à Amboise. Ces textes, écrits par les protestants, critiquent âprement la religion catholique. Les fondements de la société, l'ordre politique même, sont remis en cause. Le roi ne peut le tolérer. Il ordonne une terrible répression.

Ce qui n'empêche pas, quelques années plus tard, le Français Jean Calvin de reprendre et développer, à Genève, les idées de Luther. Ce discours renouvelant le christianisme séduit une bonne partie de la population. Mais tout ceci remet en cause l'ordre établi. Bref, tout se met en place pour que, en France comme en Europe, catholiques et protestants soient conduits à s'opposer.

Un règne qui finit très mal

Guerre et paix

Fils de François Ier, Henri II accède au trône en 1547. Sous son règne la bourgeoisie s'enrichit et commence à se mêler à la noblesse, le crédit se développe, le commerce prend une place prépondérante dans l'économie. Comme sous le règne précédent, la cour est très raffinée, même si le meurtre et le poison y règnent.

RÉVISEZ VOS CLASSIQUES !

Paresseuses pas trop paresseuses, lisez donc un chef-d'œuvre de la littérature française qui décrit cette époque : *La Princesse de Clèves*, de Mme de La Fayette.

Sportif mais probablement pas très astucieux, Henri II poursuit la politique de son père, combat Charles Quint et le Saint Empire romain germanique. Et c'est, comme souvent, une alternance de victoires et de défaites :

— dans un premier temps, la France s'empare des Trois-Évêchés (Toul, Metz et Verdun), à un moment où le Saint Empire est malmené par les progrès du protestantisme ; mais l'afflux d'or et d'argent venus des colonies espagnoles d'Amérique redonne ensuite l'avantage à Charles Quint,

— en 1557, Philippe II d'Espagne (Charles Quint a abdiqué l'année précédente, son fils règne depuis à Madrid et sur les Pays-Bas) remporte la bataille – décisive – de Saint-Quentin et manque s'emparer de Paris,

— l'année suivante, la France reprend – définitivement – Calais que les Anglais possédaient depuis la guerre de Cent Ans..

Comme tout le monde est un peu à bout de souffle, la paix est signée en 1559 au Cateau-Cambrésis entre Paris et Madrid. Cet accord désavantage plutôt la France (qui se retire d'Italie) et consacre la puissance espagnole, désormais l'État dominant en Europe.

Un mariage vraiment raté

Des unions princières sont prévues pour symboliser cette réconciliation générale. Enfin l'occasion de s'amuser et de se réjouir après tant de batailles ? Pas si sûr. Un tournoi est organisé à Paris pour célébrer le mariage de Philippe II d'Espagne et d'Élisabeth de Valois, fille du roi de France. Celui-ci décide d'y participer. Une mauvaise idée... Les chevaux s'élancent, les cavaliers se heurtent. La lance de son adversaire rentre dans la tête d'Henri II. Le roi meurt quelques jours plus tard, le 10 juillet 1559, en dépit des soins prodigués par le célèbre chirurgien Ambroise Paré.

Cela fait sans doute beaucoup de peine à la maîtresse d'Henri II, l'encore superbe (elle avait vingt ans de plus que lui) Diane de Poitiers. Comme quoi, Demi Moore n'a rien inventé ! En revanche, en dépit de son chagrin réel, la veuve du roi, Catherine de Médicis, se frotte les mains : après avoir été tenue à l'écart du pouvoir, elle va – enfin ! – pouvoir gouverner.

Guerres fratricides, guerres de religion

Après la mort d'Henri II, en 1559, trois de ses fils lui succèdent l'un après l'autre : François II, Charles IX et Henri III. Leurs règnes respectifs constituent l'un des cycles les plus affligeants de l'histoire de France. Marqués par des affrontements entre catholiques et protestants, cette période voit l'affaiblissement de la monarchie, incapable de mettre un terme à cette guerre civile larvée, défiée par la puissante famille des Guise, chefs du parti catholique.

Un petit tour et puis s'en vont

Le jeune François II devient roi en 1559. Inutile, paresseuses, de s'intéresser à ce garçon, trop jeune pour influer sur le cours des événements : il fut roi à seize ans et mourut l'année suivante. Retenez juste qu'il fut l'époux d'une séduisante Écossaise, Marie Stuart, que l'on renvoya chez elle à la mort de son petit mari (bien plus tard, au terme d'une existence romanesque imprudente, Marie Stuart fut décapitée par sa cousine, la reine Elisabeth Ire, mais c'est une tout autre histoire).

Influençable et meurtrier par procuration

Charles IX monte sur le trône en 1560. Comme il est très jeune, sa mère, Catherine de Médicis, gouverne. En dépit des efforts du chancelier Michel de l'Hospital, très tolérant ce qui était rare à l'époque, elle ne peut empêcher le royaume de basculer dans l'anarchie :

— en 1562, des soldats obéissant aux Guise massacrent quelque 250 protestants (des civils : hommes, femmes, enfants !) réunis dans une grange pour célébrer le culte,

— ulcérés, les protestants se révoltent et s'emparent de villes comme Rouen, Orléans, Lyon et Montpellier.

Une paix fragile est signée à Amboise en 1563. La famille royale et la cour en profitent pour faire un ample tour de France, histoire de rassembler les Français, de leur montrer le jeune roi pour resserrer les rangs derrière lui. C'est un répit bref. La guerre civile reprend. Une nouvelle paix est signée. Pour de bon, cette fois ?

On peut alors le penser. D'autant que pour fêter cette réconciliation, le 18 août 1572, Charles IX organise le mariage de sa sœur Marguerite de Valois – la fameuse reine Margot, une femme libre, délurée, qui n'en faisait qu'à sa tête ! – et de leur cousin Henri de Bourbon, roi de Navarre (un des chefs du parti protestant, avec l'amiral de Coligny).

LA REINE MARGOT, UN PERSONNAGE HAUT EN COULEUR

Pour avoir une idée – très romancée – de la vie émancipée menée par la reine Margot, plongez-vous ou replongez-vous dans le roman éponyme d'Alexandre Dumas ! Ou bien voyez le film, du même nom, tourné par Patrice Chéreau en 1994.

Une tragédie, une honte : le massacre de la Saint-Barthélemy

Mais, influençable, le roi se laisse circonvenir par les catholiques extrémistes. Les Guise organisent un attentat contre Coligny. Celui-ci en réchappe, Charles IX craint que les protestants veuillent se venger. Les catholiques extrémistes le convainquent alors d'ordonner la mise à mort de tous les protestants de Paris. Le roi acquiesce. En prélude à la tuerie, Coligny est achevé. Puis les assassins passent à la vitesse supérieure. C'est le massacre de la Saint-Barthélemy (nuit du 22 août 1572), qui se prolonge en province pendant un mois. Au total, quelque 10 000 protestants périssent. Le roi de Navarre en réchappe de justesse. Malade, rongé par le remords, Charles IX s'éteint en 1574.

AU FAIT, LA NAVARRE, C'EST QUOI ?

Un petit état pyrénéen créé au Moyen Âge, à cheval sur l'Espagne et la France. Amputé de sa partie espagnole au XVIe siècle, il fut définitivement uni à la France à partir d'Henri IV.

Paresseuses, c'est vrai, tout ceci est bien triste, bien déprimant...

Parisiennes, pour chasser ces images désolantes, allez vous promener dans le jardin des Tuileries, tracés devant le palais du même nom (aujourd'hui disparu) édifié par Catherine de Médicis.

Paresseuses des abords de la Loire, visitez le féerique château de Chenonceaux, largement remanié par Catherine de Médicis qui créa le pont-galerie enjambant le Cher.

Et avant de reprendre le cours de ces conflits fratricides, une autre anecdote, plaisante : jusqu'au règne de Charles IX, la nouvelle année était le plus souvent célébrée en avril. En 1564, le roi fixa le début de l'année au mois de janvier. Ce changement, qui chamboula les habitudes, est à l'origine de la tradition des poissons d'avril.

Le dernier Valois

En 1574, est couronné le troisième frère, Henri III (en fait, à la mort de Charles IX, il est revenu au galop de Pologne dont il venait de recevoir la couronne). Dans les premiers mois de son règne, le nouveau roi tente de se réconcilier avec les protestants, il leur accorde des droits. Toujours menés par les Guise, les catholiques extrémistes créent alors une Sainte Ligue pour s'opposer à cette politique. La guerre reprend, avant qu'une nouvelle paix soit signée.

Mais le nouveau roi n'a pas d'enfants. Certes Henri III est marié. Mais il aime la compagnie des hommes et, avec ses favoris, anime d'ailleurs une cour raffinée. En l'absence d'un dauphin, le roi de Navarre est l'héritier légitime du royaume (il descend de saint Louis). Les catholiques extrémistes refusent cette éventualité (car le roi de Navarre est protestant, vous vous souvenez ?)

QUIZ

Quel jeu faisait fureur à la cour d'Henri III ?
— la crapette,
— le yo-yo,
— les charades.
Rien de tout cela, c'était le bilboquet.

Dans un premier temps, Henri III se range du côté des catholiques extrémistes, puis s'oppose à eux, ce qui l'oblige à s'enfuir de Paris. Henri III se réfugie à Blois. Et là, coup de théâtre, il fait assassiner les deux membres les plus influents de la famille de Guise qui, décidément, lui compliquaient trop la vie !

Henri III est alors amené à se rapprocher du roi de Navarre. Ensemble, les deux hommes décident d'assiéger Paris, toujours aux mains de la Sainte Ligue. Henri III s'installe à Saint-Cloud. Le 1er août 1589, un terroriste de l'époque, le moine Jacques Clément, l'assassine.

Ainsi s'éteint la branche capétienne des Valois. Une famille qui régnait depuis... depuis... vous vous en souvenez ? Allez, on vous aide : depuis l'avènement de Philippe VI de Valois, en 1328.

15 DATES ESSENTIELLES À RETENIR SI VOUS AVEZ ÉTÉ TROP PARESSEUSE POUR LIRE LE CHAPITRE 3

1. 1346

L'armée anglaise bat les Français de Charles VI à Crécy. La guerre de Cent Ans commence.

2. 1356

Le roi de France Jean II le Bon est fait prisonnier à la bataille de Poitiers. Revenu brièvement en France, il mourra en captivité, à Londres.

3. 1358

À Paris, on en profite pour contester le pouvoir royal. La révolte est menée par Étienne Marcel.

4. 1420

La France est obligée de signer avec l'Angleterre le traité de Troyes, particulièrement désastreux pour la monarchie : le roi d'Angleterre devient roi de France.

5. 1431

Prisonnière des Anglais, Jeanne d'arc est brûlée à Rouen après une incroyable chevauchée qui a redonné l'espoir aux Français et au jeune roi Charles VII, héritier légitime du trône.

6. 1477

La mort du duc de Bourgogne Charles le Téméraire est accueillie avec soulagement par Louis XI qui craignait qu'un nouvel état se constitue aux dépends de la France.

7. 1491

Le jeune roi Charles VIII épouse la duchesse Anne : la Bretagne est définitivement unie à la France.

8. 1498

Louis XII devient roi. Il poursuit les guerres menées en Italie par son prédécesseur Charles VIII.

9. 1515

Guerroyant lui aussi en Italie, François Ier remporte la bataille de Marignan.

10. 1534

L'affaire des Placards incite la monarchie à s'en prendre au protestantisme qui sape les fondements de l'autorité.

11. 1559

La France et l'Espagne signent le traité du Cateau-Cambrésis, qui consacre la place de l'Espagne, grande puissance européenne.

12. 1559

Henri II est mortellement blessé à l'occasion d'un tournoi organisé lors d'une fête, à Paris.

13. 1562

Un massacre de protestants réunis dans une grange marquent le début des guerres de religion.

14. Nuit du 22 août 1572

Les extrémistes catholiques massacrent les protestants de Paris, avec – au moins – l'assentiment du pouvoir royal. Les tueries se prolongeront en province.

15. 1589

Un catholique fanatique, le moine Jacques Clément, assassine le roi Henri III, dernier souverain de la dynastie des Valois.

chapitre 4

Comment instaurer la monarchie absolue

Et si après toutes ces guerres, on cherchait la réconciliation ?

Henri IV, ce n'est pas que la poule au pot... Pour commencer, rappelez-vous que le berceau d'Henri IV aurait été façonné dans une vaste carapace de tortue. Et que, le bébé à peine né, ses lèvres auraient été frottées d'une gousse d'ail et humectées d'une goutte de Jurançon... Comment aurait-il été possible, après un tel traitement, que l'enfant ait connu une vie normale ?

Henri de Bourbon, roi de Navarre, devient donc aussi roi de France en 1589. Protestant, il est rejeté par une large part du pays et doit, cinq années durant, conquérir ce dernier par la force.

QUELLE EST LA COULEUR DU PANACHE BLANC D'HENRI IV ?

« Ralliez-vous à mon panache blanc ! » Ces paroles auraient été prononcées par Henri IV afin que ses compagnons le repère aisément dans la mêlée, peu avant que s'engage la bataille d'Ivry, en 1590, qui vit du reste la victoire, tout à fait inattendue, des protestants.

La tâche d'Henri IV est d'autant plus difficile que la Sainte Ligue a demandé l'aide des Espagnols. Ceux-ci occupent Paris. Les provinces sont dévastées, ravagées par des brigands. Peu à peu, le roi réussit cependant à s'en assurer le contrôle. Mais Henri IV comprend que, tant qu'il restera protestant, il ne pourra jamais vraiment imposer son autorité. Pragmatique, le roi décide de se convertir. C'est à cette occasion qu'il aurait déclaré : « Paris vaut bien une messe ». Né et mort dans la religion catholique, Henri IV sera conduit à changer six fois de religion, au gré des événements. Ce qui donne une idée de l'importance qu'avait à l'époque l'appartenance à telle ou telle croyance et des bouleversements que connaissait une société en recomposition.

Fin des guerres de religion

À partir de là, Henri IV mène rondement les choses : il se fait sacrer et, quelques jours plus tard, entre enfin dans sa capitale dont les troupes espagnoles se sont enfuies. La Sainte Ligue se rallie au roi qui finit de pacifier le royaume.

En 1598, le roi signe l'édit de Nantes. Ce texte, fondateur en matière de liberté, accorde de nombreux droits aux protestants. Ceux-ci peuvent désormais célébrer le culte, accéder aux mêmes charges que les catholiques. Et ils disposent de cent cinquante « places de sûreté » où ils peuvent assurer leur propre sécurité. C'est la fin des guerres de religion.

CARNET ROSE

Après tant de fureur, une page rose et mondaine. Vous vous rappelez, qu'Henri IV (il n'était encore que roi de Navarre) avait épousé Marguerite de Valois. Un mariage de pure forme, chacun des deux époux vivant le plus souvent séparément et multipliant les aventures... : n'oubliez pas qu'Henri IV a été surnommé le Vert Galant. En 1599, d'un commun accord, ils décident de se séparer. L'année suivante, Henri IV épouse une riche Italienne, Marie de Médicis, fille du duc de Toscane. Celle-ci va lui donner de nombreux enfants qui – l'époque a les idées larges – seront élevées avec les enfants que ses maîtresses ont donnés au roi.

La suite de l'histoire, vous la connaissez certainement : « les deux mamelles de la France », le poignard de Ravaillac, etc.

Sully et la paulette

Henri IV réorganise l'administration des provinces pour remettre de l'ordre un peu partout. Il gouverne avec des membres de la haute bourgeoisie et non plus des nobles. Son principal ministre, le duc de Sully (un protestant) constitue ainsi une exception. Ce dernier rétablit l'équilibre des finances notamment avec la paulette (non, celle-ci n'est pas une amie du ministre, mais le nom d'une nouvelle taxe payée par les titulaires d'une fonction publique). Mais ce système rend en fait les fonctionnaires assez indépendants du pouvoir.

Et puis, le duc de Sully répare le réseau routier, aménage des routes et des ponts, entame le percement de canaux. Il favorise également l'agriculture ; il aurait déclaré : « Labourage et pâturage sont les deux mamelles dont la France est alimentée et les vraies mines et trésors du Pérou ».

FROUS-FROUS

Outre l'élevage des vers à soie dans le centre et le sud du royaume (pour faire des bas), le pouvoir favorise également certaines industries de luxe, surtout dans le domaine des étoffes. C'est le cas de la manufacture des Gobelins où se tissent des tapisseries, ou bien les manufactures de Senlis (dentelle) et de Reims (draperie).

Grands travaux

À Paris, Henri IV fait exécuter de grands travaux. Bien que remaniées, la plupart de ces réalisations sont toujours visibles : le Pont-Neuf reliant l'Île de la Cité aux deux rives de la capitale. Tout le quartier, d'ailleurs, porte la marque du règne d'Henri IV : la place et la rue Dauphine, aménagée en même temps que ce pont, qui fut longtemps le véritable centre-ville, furent ainsi nommées en l'honneur du futur Louis XIII, et la rue Christine, toute proche, baptisée en l'honneur de l'une de ses sœurs.

Autres ambitieuses réalisations architecturales d'Henri IV : la galerie du Bord de l'eau, destinée à relier le palais des Tuileries à celui du Louvre (aujourd'hui bordée par le quai François-Mitterrand) ; la place Royale (place des Vosges), qui inaugure un nouveau style où se juxtaposent la brique, la pierre et l'ardoise.

Complot ou pas complot ?

En 1610, Henri IV envisage de rependre les hostilités contre l'Espagne. Dans cette perspective, il rassemble une armée nombreuse. Mais il est assassiné à Paris le 14 mai par un exalté, François Ravaillac, proche des milieux catholiques extrémistes. Le fait que la reine a été sacrée la veille nourrit des rumeurs sur un possible complot qu'aurait ourdi son entourage... Quoi qu'il en soit, le roi une fois disparu, la légende du « bon roi Henri » peut prendre corps. Notamment grâce à la fameuse « poule au pot » que le roi aurait voulu, selon une lettre adressée à Sully, voir les paysans manger chaque dimanche.

Régente et ravie de l'être

Marie de Médicis

À la mort d'Henri IV, Louis XIII n'est qu'un jeune enfant. La reine Marie de Médicis devient donc régente, ce qui la comble puisqu'elle était jusque-là tenue à l'écart du pouvoir.

UNE REINE CÉLÉBRÉE PAR RUBENS

Allez donc voir, au musée du Louvre, la prodigieuse suite de vingt-quatre tableaux baroques que Pierre Paul Rubens a consacré à la vie de la reine. Sur chacune des toiles figure la reine, ravie, rayonnante, imposante, majestueuse, plus que potelée... Si le personnage de Marie de Médicis vous subjugue – pourquoi pas ? –, allez jeter un œil sur le palais du Luxembourg, à Paris (aujourd'hui le siège du Sénat). La reine le fit bâtir sur le modèle de son palais natal à Florence.

Marie de Médicis écarte alors du pouvoir les anciens conseillers d'Henri IV, notamment Sully. Et elle délègue le pouvoir à deux membres du petit groupe d'Italiens qui l'a suivie en France : sa sœur de lait Leonora Galigaï et l'époux de celle-ci, Concino Concini, qui en profitent pour s'enrichir.

La France se rapproche alors de l'Espagne, contrairement à ce qui se passait sous Henri IV. Pour concrétiser cette politique, un double mariage est organisé. Louis XIII épouse l'infante Anne d'Autriche, fille aînée du roi Philippe III d'Espagne. Sa sœur, Élisabeth, est unie au fils de ce dernier, le futur Philippe IV.

DEUX POINTS DE VOCABULAIRE

Vous vous demandez pourquoi l'infante qui a épousé Louis XIII, née en Espagne d'un père espagnol, est désignée sous le nom d'Anne d'Autriche... C'est simplement l'usage, compte tenu de l'origine autrichienne (par son père) de son ancêtre Charles Quint.

Par ailleurs, ayez en tête que depuis le XIVe siècle, l'Autriche constitue le cœur, le véritable centre du Saint Empire romain germanique, ce qui fait que les deux termes renvoient à peu près à la même chose (un peu comme les mots Angleterre et Royaume-Uni). Vous suivez ?

Mais les nobles contestent cette diplomatie. Et Marie de Médicis s'avère incapable de mettre un terme à l'agitation qui se fait jour.

Marie de Médicis réunit en 1614-1615 les états généraux, une ancienne assemblée apparue au Moyen Âge et peu utilisée. Sans résultat patent (du coup, on ne réunira plus les états généraux jusqu'à la Révolution française). Pendant ce temps-là, tenu pour quantité négligeable, le jeune Louis XIII ronge son frein.

Coup d'État royal

Et en 1617 un coup de théâtre, plutôt un coup d'État a lieu. Patiemment, le jeune roi Louis XIII a constitué un groupe de fidèles et dressé un plan.

Concini est arrêté, tué sur-le-champ. Accusée de sorcellerie, son épouse est exécutée peu après. Marie de Médicis est exilée au château de Blois. Elle s'en échappera, la nuit, en glissant le long d'un talus, attachée à une corde ! Le véritable règne de Louis XIII peut commencer.

Roi, mais un peu dans l'ombre

Une mère envahissante

Or, Louis XIII ne réussit pas à rompre d'un coup avec Marie de Médicis. La mère et le fils se rabibochent donc. Rappelée auprès du jeune roi, Marie de Médicis favorise l'ascension politique d'un ancien collaborateur de Concini, le (futur) cardinal de Richelieu.

Mais Marie de Médicis est une dure à cuire. Quand elle voit que Richelieu prend trop d'importance auprès du roi, elle le combat. Qui va gagner ? Tout paraît possible. Le 11 novembre 1630, après avoir promis à sa mère (également à son frère et à son épouse) qu'il renverrait Richelieu, le roi renouvelle sa confiance à ce dernier, qui se croyait perdu. Cette journée qui a vu bien des promesses, des espoirs et des désillusions porte le nom de « journée des Dupes ».

De nouveau, Marie de Médicis est mise à l'écart. Elle s'échappe du château de Compiègne (en dépit de son embonpoint, elle commence à avoir l'habitude de ce genre d'escapade) et s'exile. Cette fois, c'est pour de bon (Marie de Médicis mourra plus ou moins abandonnée à Cologne en 1642).

Dès lors, Richelieu va détenir l'essentiel du pouvoir. Il ne cessera pourtant pas de rendre compte de son action au roi qui demeurera ainsi dans l'ombre de son principal ministre.

Richelieu : une main de fer

Il s'agit, après la régence de la reine, de remettre de l'ordre dans un royaume où les nobles ont repris du poil de la bête, et sont un peu indisciplinés. Richelieu décide les mater. Et il va s'en donner à cœur joie. Les aristocrates qui se battent en duel (à l'époque, c'est à la mode, on s'étripe pour un oui ou pour un non) sont punis de mort.

Ceux qui se révoltent connaissent le même sort, même s'ils sont d'une naissance illustre ou proches du roi comme le jeune et beau Cinq-Mars en dépit de la tendresse – voire un sentiment plus profond – que Louis XIII lui portait. De nombreux châteaux sont démantelés par les canons du roi.

Puis Richelieu s'appuie sur les protestants afin de combattre les Habsbourg, d'Espagne et d'Autriche, opposés à la France. Mais bientôt, le cardinal se retourne contre ses anciens alliés, qui se sont rapprochés de l'Angleterre. Et là, vous le savez, c'est le terrible siège de la Rochelle, à l'issue duquel les protestants, affamés, sont obligés de se rendre (1628). Conséquence : les places de sûreté dont jouissaient les protestants sont supprimées, mais ils conservent le droit de célébrer le culte.

Richelieu modernise et perfectionne le fonctionnement de l'État en centralisant son fonctionnement. Dans les provinces, les intendants sont dotés de pouvoirs importants. Richelieu favorise par ailleurs la constitution d'une importante marine de guerre et l'établissement de colonies. Dans le même ordre d'idée, il aménage des ports comme Dieppe, Le Havre ou Nantes et protège le commerce. Enfin, il crée l'Académie française (en 1635). Peu avant de mourir, le ministre arrache le Roussillon à l'Espagne.

Mariée en 1615 au roi, l'élégante Anne d'Autriche, sœur du roi d'Espagne Philippe IV, semble avoir été longtemps délaissée par son mari. Surveillée de près par Richelieu qui la soupçonne, à raison, de favoriser la diplomatie espagnole, la reine se console avec un séduisant Anglais, le duc de Buckingham (ah ! l'épisode des douze ferrets de la reine, qui vous a toujours fait rêver, n'est-ce pas, paresseuses ? Profitez-en pour relire *Les Trois Mousquetaires* d'Alexandre Dumas).

En 1638, événement inattendu, que plus personne n'espérait, la reine donne le jour à un garçon : Louis Dieudonné, futur Louis XIV. Cette naissance est suivie, deux ans plus tard, de celle du cadet, Philippe. Enfin doté d'une descendance, Louis XIII meurt en 1643, quelques mois après Richelieu.

Nouvelle régence, nouveau chahut

Ce que femme veut : la régence d'Anne d'Autriche

À la mort de Louis XIII, sa veuve, Anne d'Autriche, devient régente au nom du jeune Louis XIV, qui n'a que quatre ans et demi. Pour être certaine de faire ce qu'elle a envie de faire – ça fait si longtemps qu'elle attend ça –, Anne d'Autriche demande au Parlement de Paris de casser le testament de Louis XIII qui limitait ses pouvoirs. Et elle fait du cardinal Jules Mazarin, ancien collaborateur de Richelieu, son principal ministre (et peut-être aussi son amant). Bon, voilà une ou deux bonnes choses de faites.

La Fronde

À cette époque, la France a sans doute une population de plus de vingt millions d'habitants. À partir de 1648, la monarchie est confrontée à un mouvement de contestation un peu compliqué à suivre : la Fronde. Pour simplifier, paresseuses, disons qu'on peut distinguer deux phases :

— la Fronde des parlementaires, qui réclament notamment de pouvoir contrôler les finances du royaume. Pour échapper au désordre, la nuit de l'Épiphanie 1649, la famille royale quitte Paris en secret, se réfugie au château de Saint-Germain, alors démeublé. On dort par terre, sur de la paille, on grelotte, on a un peu faim car les provisions manquent, mais on a eu un peu peur et on est sauvé, pense la famille royale. Le calme revient peu à peu,

— en 1650, éclate la Fronde des princes, que mène un Bourbon, cousin de la famille royale, le Grand Condé. Plusieurs provinces se soulèvent, ces révoltes sont matées par l'armée royale. Mais le cardinal Mazarin, très impopulaire, est obligé de s'exiler outre-Rhin quelque temps.

MAZARINADES

Non, le mot ne désigne pas les filles cachées que le cardinal aurait eues en dépit de sa qualité d'ecclésiastique. Il désigne les nombreux pamphlets, rédigés pendant la Fronde, qui prenaient pour cible le principal ministre du jeune Louis XIV, détesté par une large part de la population.

Avec l'Espagne, tout s'arrange enfin

Pendant tout ce temps, la France ne cesse de guerroyer contre l'Espagne, grande puissance européenne déclinante. Les Français, menés par le Grand Condé, ont remporté la victoire de Rocroi peu après la mort de Louis XIII (1643). En 1659, les deux pays signent la paix. L'année suivante, le mariage du jeune roi Louis XIV et de l'infante Marie-Thérèse, nièce d'Anne d'Autriche, symbolise la réconciliation en cours, cette fois définitive. Anne d'Autriche est ravie. Elle ne peut cependant pas ne pas s'apercevoir que sa nièce est plutôt gourde : Marie-Thérèse ne saura jamais animer la cour et, *a fortiori*, ne jouera jamais aucun rôle politique.

Le cardinal Mazarin meurt en 1661, au milieu des fabuleuses collections d'objets d'art qu'il a amassées avec goût et sans retenue. Il était temps : le soleil – le Roi-Soleil – va se lever.

VOUS REPRENDREZ BIEN UN CHOCOLAT CHAUD ?

En arrivant en France, Anne d'Autriche a introduit la mode du chocolat chaud, connu en Espagne depuis la conquête du Mexique.

Les premiers rayons du Roi-Soleil

Petit récapitulatif spécial paresseuses. Louis est né en 1638 et est devenu roi en 1643, après avoir été immensément désiré par sa mère et les Français. Enfant, il a souvent été laissé à lui-même, alors que la famille royale était quelque peu malmenée par les révoltes. Retenez bien tout cela car cela aidera à comprendre l'attitude, plus tard, du Roi-Soleil, jamais modeste, toujours orgueilleux, résolument égocentrique.

Bon, par où commencer pour ne pas vous embrouiller ? Il y a tant à dire (et à critiquer ?) au sujet de ce long règne ! Parlons donc du triste destin d'un écureuil raffiné et trop confiant.

Chute de l'écureuil Fouquet

Jusqu'en 1661, Louis XIV laisse Mazarin gouverner. Quelques mois à peine après la disparition du cardinal, Louis XIV s'en prend au surintendant des Finances, Nicolas Fouquet. Nommé par Mazarin, Fouquet s'est considérablement enrichi dans l'exercice de ses fonctions (ce qui n'a rien d'exceptionnel à l'époque). Homme de goût, il s'entoure d'artistes talentueux et fait bâtir le somptueux château de Vaux. Il le meuble, le décore, l'entoure de jardins magnifiques alors que, à la même époque, le roi ne possède rien de semblable. De plus, le roi dépend de lui quand il veut avoir de l'argent. Orgueilleux, Louis XIV entend ne pas avoir de rival et ne plus dépendre de hauts fonctionnaires pour contrôler les finances. Il enrage.

Pour se rapprocher de Louis XIV, le surintendant des Finances le convie à une fête somptueuse et demeurée dans les mémoires, le 17 août 1661. Feux d'artifice, représentations théâtrales, ballets et repas fins se succèdent. Fouquet se sent pousser des ailes. Louis XIV, lui, pâlit et fulmine. Sur le point de faire arrêter le surintendant des Finances, il accepte de patienter quelques jours, pour ne pas causer un trop grand scandale.

En septembre 1661, le mousquetaire Charles d'Artagnan est chargé d'emprisonner Fouquet. Celui-ci tombe de haut. Il est présenté à la justice. Le procès dure trois ans ! Ses juges le condamnent au bannissement. Mais ce n'est pas assez pour le roi qui est vraiment rancunier. Il commue la sanction en une peine d'emprisonnement à vie. Le malheureux Fouquet, dont le blason s'orne d'un écureuil, mourra dans sa geôle, quinze ans plus tard.

Victoire de la couleuvre Colbert

Pour gouverner, le roi écarte les grands seigneurs. Il s'entoure de collaborateurs choisis au sein de la bourgeoisie. Figure au premier plan Jean-Baptiste Colbert, dont la couleuvre est l'emblème. Après avoir largement contribué à la chute de Fouquet, il va devenir (jusqu'à sa disparition, en 1683) le principal collaborateur du roi :

— Colbert intervient dans les affaires économiques afin que le pays, dont il rééquilibre le budget, s'enrichisse. Par exemple, il développe la production de produits de luxe : sont créées les manufactures de Saint-Étienne (armes) ou de Saint-Gobain (glaces, miroirs). Il favorise la dentelle, le tricot, la broderie, etc. Parallèlement, pour limiter les importations, des taxes frappent les produits étrangers,

— pour rivaliser avec les Pays-Bas, Colbert construit une flotte et pour cela crée des chantiers navals. Il aménage aussi des ports (Brest, Rochefort, Sète, etc.). Il fonde des compagnies marchandes, encourage le développement des colonies qui font venir des esclaves arrachés à l'Afrique, les Antilles ou la Louisiane (c'est depuis cette date que certaines ville de la côte sud des États-Unis portent des noms français : La Nouvelle-Orléans, Baton Rouge, etc.).

Pourtant, au final, la politique de Colbert sera peu efficace, et n'enrichira pas la population.

L'ÉTAT, C'EST MOI

À partir de Louis XIV, l'État fonctionne en fait sous la forme d'une monarchie absolue rationalisée : le roi, qui concentre l'essentiel des pouvoirs dans sa personne, gouverne et règne en vertu d'un droit qu'il tient de Dieu et de lui seul. Tout procède du monarque. Louis XIV n'a sans doute jamais dit « L'État, c'est moi ». Peu importe, c'est néanmoins sur cette idée qu'est fondée la monarchie. Bref, tout se met en place pour que la France devienne la grande puissance européenne du XVIIe siècle.

Un écrin, une prison

Du pavillon de papa...

Au début de son règne, Louis XIV demeure comme ses prédécesseurs immédiats au Louvre, à Paris. Il réside ensuite souvent à Saint-Germain, qui offre une vue superbe, et l'agrandit. Mais Louis XIV veut surpasser la magnificence de Fouquet. En 1661, il demande à l'architecte Louis Le Vau de transformer en palais un petit pavillon de chasse que Louis XIII avait élevé près du hameau de Versailles.

Peu à peu, jusqu'à la fin du règne, cette construction va s'agrandir, s'embellir jusqu'à prendre un aspect proche de celui qui est le sien aujourd'hui. Quand la cour s'y installe, en 1682, rien n'est vraiment achevé, le plâtre vole partout et ça sent la peinture... Mais le roi est content.

À LA COUR

Dès 1664, Louis XIV donne à Versailles (un bâtiment alors encore modeste) une série de réjouissances baptisées les Plaisirs de l'Île enchantée. La cour, à cette époque, est jeune. On badine, on rit, on lutine, on se perd dans les bosquets.

... à un palais inégalé : Versailles

Plus tard, Jules Hardouin-Mansart agrémente le bâtiment de deux immenses ailes (du Midi et du Nord) destinées à abriter les courtisans et la famille royale. Au centre, il édifie en 1686 la fastueuse galerie des Glaces (longue de 73 m et large de 10,4 m), ornée de dix-sept fenêtres faisant face à dix-sept ensembles de miroirs. Desservi par le magnifique escalier des Ambassadeurs (détruit au siècle suivant), le Grand Appartement du roi est décoré par le peintre Charles Le Brun. L'ébéniste André Charles Boulle fabrique des meubles somptueux. Partout, le roi est figuré ou symbolisé.

La réalisation des jardins de Versailles, ornés de bosquets, statues, etc. est confiée à André Le Nôtre. Tout cela ne suffit pas à Louis XIV : on envisage de détourner l'Eure pour alimenter les bassins qui manquent d'eau... Dans le parc, le roi édifie le séjour du Grand Trianon, pour échapper un peu aux courtisans. Et, non loin de là, le château de Marly, une sorte de luxueuse maison de campagne. Versailles fera école, et sera plus ou moins copié par les autres rois, dans toute l'Europe.

UN EGO DÉMESURÉ

Louis XIV a une si haute opinion de lui-même qu'après plusieurs changements, il fait installer sa chambre au centre du palais, au croisement de toutes les grandes perspectives qui structurent le site. La chambre de la reine et la chapelle sont rejetées sur le côté !

Courtisans, mais prisonniers

Certes, Versailles flatte l'orgueil du roi. Mais le palais lui sert aussi à retenir auprès de lui les nobles. Occupés à solliciter la pension qui leur permettra de régler leurs dépenses (il faut payer les domestiques, les habits de cérémonie, etc.), les courtisans font tout pour être remarqués par le roi. Condamnés à l'oisiveté, ils ne se mêlent plus de politique. Plus ils restent à Versailles, plus ils en deviennent prisonniers. Et rares sont ceux qui choisissent de s'éloigner de ce lieu enchanté.

La cour rassemble au total plusieurs milliers de nobles, plus ou moins proches du roi. Les personnages les plus influents sont priés d'assister à chaque instant ou presque de la vie du souverain. Celle-ci se déroule en public du lever au coucher : Louis XIV a tellement envie qu'on le voit se lever, se laver, se raser, se frictionner, prier et chanter à la messe, manger, boire, chasser, assister à une représentation théâtrale ou à un opéra de Lully, se dévêtir, se coucher, etc. qu'il ne semble pas en éprouver la moindre gêne...

DÉJÀ DES FAYOTS

Parfois, certains courtisans ne savent vraiment pas quoi faire pour que le roi les remarque. Le duc de la Feuillade est un des plus fayots. Il fait aménager une place en plein Paris et érige en son centre une statue du roi. À ses frais. C'est l'actuelle place des Victoires.

Chacun doit scrupuleusement respecter l'étiquette. Non, cela ne veut pas dire que les courtisans doivent payer ce qu'ils consomment après en avoir regardé le prix. Le terme « étiquette » désigne le protocole en vigueur, qui peut aujourd'hui paraître incompréhensible, un peu extravagant (en fait, l'étiquette exprime des rapports de force, permet à chacun de se situer précisément dans la sphère sociale).

Quelques consignes figurant dans le protocole en vigueur :

- le roi ne peut manger qu'avec des membres de sa famille. Lui seul a le droit d'ôter son chapeau et les courtisans qui observent le moindre de ses gestes doivent garder le leur,
- les dames n'ont pas le droit d'ouvrir leur éventail en présence de la reine, sauf si c'est pour s'en servir comme d'une soucoupe afin de présenter un objet. Celle qui s'affranchirait de cette règle apparaîtrait comme une drôle de mal polie ! Mais quand la reine accouche, chacun a le droit d'entrer dans sa chambre pour assister à l'événement ! (en fait, il s'agit de prouver que le nouveau-né est bien celui de la reine et de prévenir ainsi toute contestation possible...),

- une dame qui possède « le droit de tabouret » a la permission de s'asseoir sur un tel siège en présence du roi ou de la reine ; celles qui ne disposent pas d'un tel droit en sont très jalouses...

LES FAVORITES

Souvenez-vous de la manière – honteuse – avec laquelle Louis XIV traitait les femmes ! Il n'hésita jamais à faire vivre ses favorites (Louise de La Vallière, la marquise de Montespan, etc.) aux côtés de la reine Marie-Thérèse, qui n'avait pas son mot à dire, il les faisait voyager côte à côte dans les mêmes carrosses... Le mufle !

Fables, tragédies, etc.

Et avant d'évoquer des pages plus sombres, un petit rappel de tous les grands auteurs qui ont permis que la littérature française connaisse à cette époque un grand rayonnement :

— Molière, auteur de comédies qui se moquent souvent des mœurs de son époque : *Le Bourgeois gentilhomme*, *Les Précieuses ridicules* ou *Tartuffe*, ou des textes plus sombres, comme *Don Juan*,

— Pierre Corneille, qui a écrit des tragédies où il est question de gloire, d'amour et de pouvoir (*Horace, Le Cid, Polyeucte*) et son cadet, Jean Racine, lui aussi tragédien (*Andromaque, Britannicus, Phèdre*),

— Nicolas Boileau et ses poèmes,

— Jean de La Fontaine, auteur de *Fables* célèbres,

— La Bruyère, dont les *Caractères* constituent un tableau des comportements humains,

— la marquise de Sévigné, auteur de centaines de lettres, vivantes et spirituelles, dont plusieurs centaines nous sont parvenues,

— Jacques Bénigne Bossuet, évêque de Meaux, dont les oraisons étaient très suivies et commentées,

— le duc de Saint-Simon et ses *Mémoires,* caustiques et profondes.

Autant de souvenirs de collège...

Fracas et tumultes

« J'ai trop aimé la guerre », aurait dit, sur son lit de mort, Louis XIV à son héritier. Il était bien temps ! Car on l'oublie parfois, le Roi-Soleil a mené ou ordonné de nombreuses expéditions militaires. Le plus souvent pour contrer les Habsbourg.

Les fortifications de Vauban

Au début du règne, Michel Le Tellier puis son fils Louvois réorganisent l'armée dont le roi a besoin pour mener une politique de conquête. Ils créent des casernes et des hôpitaux militaires (le plus somptueux est l'hôtel des Invalides, à Paris, édifié tout à la fois pour recueillir les vieux soldats et servir la gloire de Louis XIV). En complément, Vauban améliore l'armement, renforce les frontières du royaume, du nord et de l'est ; allez donc jeter un œil sur les nombreuses fortifications qui demeurent à peu près intactes...

Vauban voulait créer un « pré carré ». Non, il n'avait pas l'intention de s'acheter un beau champ bien géométrique. Mais plutôt de faire en sorte que le territoire soit nettement protégé par une véritable ligne de défense continue, allant de place forte en redoute.

Contre l'Espagne

En 1665, à la mort du roi d'Espagne Philippe IV (qui est à la fois son oncle et son beau-père !), Louis XIV revendique une part de l'héritage, au nom de son épouse, la reine Marie-Thérèse. C'est la guerre de Dévolution d'Espagne. La France conquiert plusieurs territoires mais doit les rendre et ne garde finalement que quelques villes (traité d'Aix-la-Chapelle, 1668).

Contre les Pays-Bas

En 1672, la France envahit les Pays-Bas, surtout pour des raisons économiques. Les habitants des Pays-Bas se défendent en détruisant les digues qui les protègent de la mer. Les eaux déferlent sur les populations et les soldats de Louis XIV... La paix est signée en 1679. La France y gagne la Franche-Comté, prise aux Espagnols. À cette époque, le Roi-Soleil est au faîte de sa puissance et acquiert le prestige qui sera le sien désormais : la Ville de Paris lui décerne le surnom de « Louis le Grand ».

UNE OUVERTURE SUR L'ASIE

En 1686, des Siamois (pas des chats aux yeux bleus ! mais les ambassadeurs du roi de Siam, l'actuelle Thaïlande) débarquent à Brest et se rendent à Versailles. Mais un projet d'alliance entre les deux États n'aura pas de suite.

Contre le reste de l'Europe

Premier conflit

En 1688, éclate la guerre de la Ligue d'Augsbourg, qui oppose la France à la plupart des autres pays européens (Angleterre, Autriche, Espagne, Suède, etc.). À cette occasion, l'armée de Louis XIV saccage le Palatinat, une action peu utile sur le plan militaire. En 1697, la paix de Ryswick donne l'Alsace à la France.

Cette même année 1688, le Roi-Soleil ne réussit pas à aider son cousin Jacques II Stuart à demeurer sur le trône d'Angleterre. Un changement de dynastie survient donc à Londres, ce qui marque un grave échec pour la diplomatie française. Car à un catholique succède un protestant, Guillaume III, fervent adversaire du Roi-Soleil.

Second conflit

De nouveau, la guerre éclate en 1700. Cette fois, c'est le sort de l'Europe, voire de l'Amérique, qui est en jeu. Le dernier Habsbourg d'Espagne, Charles II, un malheureux dégénéré (les membres de sa famille avaient la manie de se marier entre eux) va mourir, sans enfant. Il ne sait à qui léguer ses immenses possessions, l'Espagne, ses colonies et territoires satellites. À un Habsbourg ? à un Bourbon ? Aucun choix ne s'impose : le mourant est parent avec toutes les familles royales. Que décider ?

Charles II est tellement fou qu'il fait ouvrir les cercueils de son père et de sa première épouse pour interroger les dépouilles... Horrible et pas très utile. Finalement, le roi dément choisit l'un des petits-fils de Louis XIV. Puis il meurt enfin. Le Roi-Soleil hésite à son tour puis accepte cette donation. Ceci dit, il n'avait guère le choix : c'était ça ou bien accepter que la France continue à être prise en étau entre le Habsbourg de Vienne et un nouveau Habsbourg, installé à Madrid.

Jeune (il a dix-sept ans), le nouveau roi d'Espagne prend le nom de Philippe V. Mais la plupart des pays européens contestent ses droits, l'Autriche et l'Angleterre au premier rang. L'Espagne et la France, donc désormais gouvernées par deux Bourbons, affrontent ensemble l'Europe coalisée. C'est la guerre de Succession d'Espagne.

Le sort des armes est longtemps incertain : débarquements, reculs, contre-attaques, etc. Finalement, les belligérants signent le traité d'Utrecht, en 1713. Philippe V conserve l'essentiel de ses possessions, en Europe et en Amérique. Il était temps, Français et Espagnols sont épuisés...

Fin de règne

Après la mort de la reine Marie-Thérèse, en 1683, le roi s'est remarié (en secret) avec Mme de Maintenon, veuve du poète Scarron, un handicapé, très spirituel. Celle-ci veille au respect des bonnes mœurs, recommande la dévotion et l'austérité avec d'autant plus de détermination que dans sa jeunesse, elle a eu de nombreux amants. À Versailles, même, l'ambiance est bien différente de ce qu'elle était au début du règne. Le roi est souffrant, il n'a plus de cheveux, il digère mal, il a mal aux dents. L'heure n'est plus aux grandes fêtes, la censure règne, on s'ennuie ferme.

La révocation de l'édit de Nantes

En 1685, en signant l'édit de Fontainebleau, le roi a révoqué l'édit de Nantes rédigé par son grand-père Henri IV qui accordait, vous vous en souvenez, la liberté de culte aux protestants. Du jour au lendemain, ceux-ci (ils sont alors un million) doivent devenir catholiques. Ils n'ont pas le droit de quitter le royaume sous peine d'être envoyés aux galères.

LA FUITE DES PROTESTANTS

Avec la révocation de l'édit de Nantes, les temples sont détruits. Cette mesure a des conséquences incalculables. Bien qu'ils n'en aient pas le droit, 200 000 protestants s'enfuient à l'étranger (parmi eux, beaucoup d'artisans très qualifiés, de commerçants, de médecins, etc.). Cet exode affaiblit l'économie et la culture françaises, ren-

force les puissances rivales, mine la monarchie : Louis XIV apparaît comme un despote, incapable d'aimer et de protéger ses sujets. À partir de 1702, les protestants des Cévennes se révoltent. Le Roi-Soleil l'a bien cherché...

Crise économique et problème de succession

Dans les années 1680, la situation économique du royaume se détériore, à cause des dépenses militaires et d'un ralentissement de l'économie. L'État vend des offices pour renflouer ses caisses. Il tente de créer un nouvel impôt. Mais les nobles réussissent à en être exemptés et les paysans continuent à être pressurés. Souvent, les campagnes se soulèvent. Ces troubles sont matés par la troupe.

DES LUSTUCRUS AVANT LES PÂTES

Les Lustucrus dans le Boulonnais, les Sabotiers en Sologne, les Croquants dans le grand sud-ouest, les Nu-Pieds, les Tard-Avisés... Le nom que portent ces différents groupes de paysans révoltés est amusant. Les raisons qui incitent ces groupes de paysans à se révolter le sont beaucoup moins : ils souffrent de la faim, d'épidémies.

De plus, la descendance du roi est frappée par une série de deuils. Pendant un temps, ces disparitions font craindre pour l'avenir... Le fils unique de Louis XIV, promis à régner, le Grand Dauphin, meurt en 1711. Ensuite, en quelques jours, c'est au tour du fils de ce dernier, le second dauphin, de son épouse et de leur enfant. Puis un autre petit-fils du roi trépasse... Ce qui frappe à tel point les contemporains qu'on parle à tort de poison.

Louis XIV meurt à Versailles le 1er septembre 1715, à l'âge de soixante-dix-sept ans. Pour beaucoup, c'est un véritable soulagement.

Que retenir de ce long règne ?

Certes, des conquêtes territoriales, un affermissement du pouvoir central, le rayonnement des lettres et les arts, la splendeur de la cour. Mais, dépensier, Louis XIV a compromis l'équilibre des finances publiques, ce dont la monarchie ne se remettra jamais vraiment. Il n'a pas amélioré le niveau de vie de la population. En s'installant à Versailles, il a isolé la cour, qui vivra dès lors dans un monde coupé des réalités politiques et sociales.

L'après Louis XIV

Le testament de Louis XIV prévoit la mise en place, après sa disparition, d'un conseil de régence destiné à exercer le pouvoir pendant la minorité de l'arrière-petit-fils du Roi-Soleil, le jeune Louis XV (en 1715, celui-ci a cinq ans et demi). Ce texte associe au pouvoir le duc de Maine et le comte de Toulouse, les deux fils que Mme de Montespan a donnés au Roi-Soleil. Mais quelques jours à peine après la disparition de celui-ci, l'un des membres de ce conseil, son neveu le duc Philippe d'Orléans, convoque au nom du petit roi Louis XV un lit de justice au Parlement de Paris.

LIT DE JUSTICE ?

Non, cela ne veut pas dire que le Régent a envie de se coucher à côté des parlementaires ! L'expression « lit de justice » désigne une procédure particulière. Celle-ci permet au roi d'imposer sa volonté au Parlement, même si celui-ci n'est pas d'accord. Pour ce faire, il prononce un discours assis sur des coussins formant une sorte de lit.

Au panier, le testament de Louis XIV !

Le Régent fait casser le testament et obtient que le Parlement de Paris lui octroie les pleins pouvoirs. En échange, il est conduit à faire des concessions politiques aux parlementaires. En fait, le Régent tient sa revanche : Louis XIV ne l'aimait guère et avait tout fait, en vain, pour limiter son pouvoir futur.

LA PRINCESSE PALATINE

Philippe d'Orléans est le fils de Philippe de France, frère cadet de Louis XIV, aux nombreuses aventures masculines, et de sa seconde épouse, Charlotte-Élisabeth de Bavière, dite la princesse Palatine parce que son père gouvernait le Palatinat, l'un des territoires formant le Saint Empire romain germanique. Cette femme, énorme, peu élégante, qui aimait chevaucher au grand air, manger de la choucroute et boire de la bière, détestait la vie de cour. Elle a laissé des lettres souvent très drôles.

Le Régent installe la cour à Paris, dans le vieux palais des Tuileries, histoire d'oublier un peu le sombre Versailles des dernières années pour rire, se divertir. Certains vont même plus loin. À commencer par le Régent, qui mange et boit plus que de raison, et multiplie les orgies : on s'est tellement ennuyé, à la fin du règne de Louis XIV, qu'il faut rattraper le temps perdu. Même les arts décoratifs s'émancipent : la ligne des meubles et des boiseries se fait moins froide, moins solennelle, elle s'arrondit.

« COURTE ET BONNE »

Telle est la devise de la duchesse de Berry, l'une des filles du Régent. Ce qui donne une idée de la manière – très libre – dont avait décidé de vivre cette jeune femme, disparue à l'âge de vingt-quatre ans.

Aristocrates, mais incompétents

Les nobles, réduits par Louis XIV à l'état de marionnettes, entendent profiter du changement pour recouvrer quelques pouvoirs. Ils obtiennent satisfaction. Les membres du gouvernement sont remplacés par huit conseils. Chacun d'entre eux réunit plusieurs aristocrates. Mais ceux-ci se révèlent vite incompétents. Ce système est abandonné au bout de quelques années et le Régent gouverne ensuite avec l'abbé Dubois, son ancien précepteur.

LA RÉGENCE

Paresseuses, pour mieux connaître la Régence, plongez-vous dans *Le Bossu*, de Paul Féval. Et pour avoir une idée du discret raffinement de la société à cette époque, jetez un œil sur les tableaux d'Antoine Watteau.

Spéculations et banqueroute

Pour rétablir l'équilibre des finances du royaume, le Régent confie en 1716 les affaires budgétaires à un financier écossais, John Law. Ce dernier veut augmenter la masse monétaire en circulation en émettant des billets de banque. Leur valeur est en principe garantie par des réserves de métal précieux. Le but du financier ? Relancer l'activité commerciale pour résorber la dette publique. Dans le même temps, il vend des actions de la Compagnie d'Occident, qui commerce avec l'outre-mer.

D'abord, le système paraît fonctionner de manière satisfaisante. Mais il s'emballe, les épargnants demandent à être remboursés. Et c'est impossible car trop de billets ont été émis. Law prend la fuite (il mourra dans la misère). L'expérience a ruiné quelques milliers de particuliers. D'autres se sont considérablement enrichis. L'activité économique a été relancée mais la population a pour longtemps perdu confiance dans le papier-monnaie.

En politique étrangère, le Régent s'éloigne de l'Espagne – pourtant gouvernée par son parent Philippe V – et se rapproche de l'Angleterre et des Pays-Bas, même après que Louis XV a atteint la majorité fixée pour exercer le pouvoir. Pendant quelques mois, le Régent continue donc de gouverner. Usé par une vie de plaisir, il meurt brusquement en 1723, en compagnie d'une amie intime... à Versailles, où la cour est finalement retournée, tant est grande la puissance d'attraction du château...

Louis XV : bien-aimé, mais pas très longtemps

En 1723, Louis XV est certes majeur aux yeux de la loi. Mais il n'a que treize ans. Le gouvernement est confié au duc de Bourbon, un cousin, descendant du Grand Condé. Celui-ci décide de marier au plus vite le jeune roi, pour que celui-ci puisse avoir des enfants. Une liste de princesses célibataires est dressée. Le duc de Bourbon hésite : l'une est trop jeune, l'autre pas assez, celle-ci est toujours malade, celle-là n'est pas catholique, etc. Finalement, le choix se porte sur une Polonaise, Marie Leczynska. On s'étonne : Stanislas Leczynski, le père de la jeune fille, n'a plus de couronne (il a été détrôné) et pas d'argent...

Le mariage est néanmoins célébré en 1725. L'année suivante, Louis XV renvoie le duc de Bourbon et confie le gouvernement au cardinal Fleury, son ancien précepteur. Celui-ci a une, ou plutôt deux obsessions : rétablir l'équilibre du budget et éviter la guerre. Au début de son règne, le roi est populaire : il est très beau, avec ses longs cheveux bruns, la reine est aimable et est sans arrêt enceinte. Ce qui plaît car il faut assurer la continuité de la lignée royale. Louis XV reçoit le surnom de « Bien-Aimé ».

Le commerce se développe, notamment avec les colonies. Les ports de Nantes et Bordeaux s'enrichissent considérablement. En revanche, une partie de la noblesse terrienne s'appauvrit. La population comprend de 27 à 28 millions de personnes.

Prudent, le cardinal Fleury ne peut cependant pas empêcher la France de participer à la guerre de Succession de Pologne : Louis XV incite Stanislas à tenter de reconquérir la Pologne. L'expédition rate complètement. Mais en 1735, Stanislas devient duc de Lorraine (après lui, ce territoire sera uni à la France), s'y installe et se consacre dès lors à son développement. Allez, un petit effort, la place Stanislas et ses somptueuses grilles de fer forgé, à Nancy, ça ne vous dit rien ?

ET LE KOUGLOF DEVINT BABA AU RHUM

Stanislas Leczynski était un gourmet. Un jour, il trouva son kouglof trop sec et y ajouta du vin de Malaga et appela ce nouveau gâteau « baba » (Stanislas était alors plongé dans les aventures d'Ali Baba). La recette évolua, on se sert aujourd'hui de kirsch ou de rhum pour arroser la pâte.

Trop d'amour tue l'amour

Fleury reste aux affaires jusqu'à sa disparition, en 1743. L'année suivante, Louis XV tombe malade à Metz. Il est vraiment très souffrant et se croit même à l'article de la mort. Alors, il rédige une confession dans laquelle il reconnaît tromper la reine. D'un coup, le roi apparaît aux yeux des Français comme un personnage dépourvu de moralité. Dès lors, la population va se détourner de lui. D'autant que peu à peu, apparaît au grand jour le caractère du roi. « Après moi le déluge » aurait dit un jour Louis XV. Avérés ou non, ces mots témoignent de son cynisme.

Craignant de mourir, le roi multiplie les aventures passagères et secrètes, ainsi que les liaisons menées au grand jour : dans quelques années, ce sera une longue histoire d'amour avec la marquise de Pompadour, puis avec la comtesse du Barry. La première est d'origine bourgeoise, la seconde a vécu de ses charmes, ce qui porte atteinte au prestige de Louis XV, à son autorité morale. La monarchie, dans son principe même, commence à être critiquée. D'autant que les idées des Lumières se propagent dans les esprits.

L'esprit des Lumières

Le XVIIIe siècle européen est en effet appelé « siècle des Lumières », en raison de l'éclosion et du développement d'un courant philosophique qui doit beaucoup aux penseurs français. Ceux-ci remettent à plat les idées politiques et les croyances religieuses. Ils renouvellent profondément le débat littéraire, philosophique, politique. Leur œuvre est, au début du XXIe siècle, d'une actualité singulière.

Cherchez dans votre mémoire... Ce sont par exemple :

— le baron de Montesquieu qui, avec *L'Esprit des lois*, réfléchit à l'organisation de la vie politique,

— Voltaire dont *Les lettres philosophiques* constituent une réflexion sur la liberté politique et religieuse,

– Jean-Jacques Rousseau, auteur de *L'Émile* ou du *Contrat social*, dont les idées influenceront beaucoup les révolutionnaires de 1789,

— Denis Diderot qui, avec d'Alembert, dirige la réalisation de l'*Encyclopédie*, ouvrage collectif qui constitue un véritable manifeste des idées nouvelles.

Une opinion éclairée se forme, critique à l'égard de l'absolutisme. Nobles et grands bourgeois « éclairés » se réunissent dans des « salons » où la conversation est brillante.

Principaux sujets débattus : le rejet de l'intolérance, de la superstition et du poids de la structure religieuse, la dénonciation de la torture, de l'esclavage et des erreurs judiciaires, le désir d'établir l'égalité de tous devant la loi et l'impôt, la confiance dans le progrès, le souhait d'établir un fonctionnement harmonieux et équilibré des pouvoirs publics, etc.

Une réforme inaboutie

Désenchanté, Louis XV ne s'intéresse probablement pas assez aux affaires du royaume pour réformer les institutions et leur fonctionnement comme il le faudrait. Après la mort de Fleury, le roi a en effet laissé d'amples pouvoirs à ses ministres. Mais les privilégiés, soutenus par le Parlement de Paris, contestent l'autorité royale (sous couvert de défendre le peuple, ses membres défendent les privilégiés) et s'opposeront aux réformes, notamment fiscales. Il en ira ainsi d'un projet visant à créer une taxe égale au vingtième des revenus de chacun, une idée torpillée par les nobles et le clergé.

Travailler pour le roi de Prusse

En 1741 a éclaté un nouveau conflit, la guerre de Succession d'Autriche. Cet affrontement est vraiment compliqué à décrire. En gros, il s'agit de savoir si l'impératrice Marie-Thérèse va réussir, ou non, à conserver le Saint Empire romain germanique que lui a légué son père (vu que c'est une fille, il y a comme d'habitude des tas de garçons qui ne sont pas d'accord). Finalement, la jeune femme conserve sa couronne (1748).

Bien qu'elle ne se soit pas mal battue, la France n'obtient aucun gain tangible. *A contrario*, la Prusse, qui s'était d'abord opposée à Marie-Thérèse avant de faire la paix avec elle, s'affirme en tant que puissance européenne. Les Français se moquent de leur gouvernement, qui s'est si mal débrouillé. De là naît l'expression « travailler pour le roi de Prusse ».

Un nouveau revers

Une nouvelle guerre, dite de Sept Ans, éclate en 1756, pour le contrôle des territoires de langue allemande. C'est d'ailleurs un peu la suite de la précédente. Elle se solde par une véritable catastrophe (du point de vue français !). Pour simplifier, disons que là aussi, la Prusse sort renforcée. Quant à la France, elle perd l'essentiel de son empire colonial, cédé au Royaume-Uni (qui a pris la suite de l'Angleterre en 1707) : l'Inde (sauf cinq comptoirs : Chandernagor, Karikal, Mahé, Pondichéry, Yanaon), les Petites Antilles, le Canada, une partie de la Louisiane ainsi que le Sénégal (traité de Paris, 1763).

Victime certes, mais dépourvu de générosité

En 1757, Louis XV est victime d'un attentat commis par un simple domestique agissant seul, Damiens. Celui-ci entendait rappeler le roi à ses devoirs, l'obliger à modifier sa manière de mener les affaires du pays. La blessure infligée est légère, une égratignure dont le roi se remet en quelques jours. Damiens est pourtant maltraité, odieusement torturé avant d'être exécuté. Ainsi le veut la loi. Mais celle-ci apparaît anachronique, le châtiment disproportionné, Louis XV semble insensible au sort de Damiens. L'opinion s'émeut, murmure, se scandalise. La monarchie est atteinte.

Le renversement des alliances

Bon, même paresseuse, vous avez suivi et compris que la diplomatie française est, en ce milieu de XVIIIe siècle, en train de changer complètement de stratégie. Un petit rappel : depuis François Ier, la France devait lutter à la fois contre Madrid et Vienne. Mais depuis qu'un Bourbon règne en Espagne, de ce côté-là, il n'y a plus de danger, au contraire. Quant à l'Autriche, elle est quelque peu affaiblie.

Forte de ses victoires, la Prusse est en passe de devenir une grande puissance, grâce à son armée très efficace et à un roi ambitieux et très compétent, Frédéric II (un siècle plus tard, la Prusse rassemblera autour d'elle de nombreux autres territoires, ce qui donnera naissance à l'Empire d'Allemagne, né dans le sillage d'une défaite française, mais c'est une autre histoire...).

Le gouvernement, dirigé depuis quelques années par le duc de Choiseul, prend la mesure de la nouvelle situation qui prévaut donc en Europe. Il œuvre en faveur d'un rapprochement entre la France et l'Autriche. Le résultat de cette politique constitue le « renversement des alliances » qui bouleverse toute la diplomatie européenne, et rapproche Paris de Vienne.

MOINS UNE !

C'est en 1768 que Choiseul achète la Corse à la ville de Gênes. À quelques mois près, Napoléon naissait italien...

Dernière réforme...

En janvier 1770, le pouvoir redevient autoritaire. Le ministre Maupeou décide d'en finir une bonne fois pour toute avec l'opposition des parlementaires. Le Parlement de Paris est dissout, les plus indociles de ses membres sont exilés. Pour les remplacer, le pouvoir crée un système de conseils. Cette réorganisation va-t-elle sauver la monarchie ?

... et dernière fête : le mariage de Louis XVI et Marie-Antoinette

Mais bientôt, la cour ne parle que du somptueux mariage qui va sceller la nouvelle alliance franco-autrichienne. En avril 1770, le dauphin, futur Louis XVI, épouse une archiduchesse d'Autriche, Marie-Antoinette, fille de l'impératrice Marie-Thérèse. Les réjouissances sont féeriques. Pour l'occasion, Versailles s'est doté de la salle d'opéra qui lui faisait jusque-là défaut. Ce sont les ultimes grandes fêtes de l'Ancien Régime, dignes des réjouissances du début du règne de Louis XIV.

Mais le roi n'associe pas son héritier à l'exercice du pouvoir. Devenu franchement impopulaire, Louis XV meurt de la variole le 10 mai 1774, à Versailles. Par crainte des manifestations hostiles, son corps est porté à Saint-Denis à la nuit tombée.

Le début de la fin

Âgé de vingt ans, le nouveau roi, Louis XVI, est le petit-fils de Louis XV. Il veut bien faire. La reine Marie-Antoinette est belle. D'emblée, le jeune couple est populaire. Cette estime est à la hauteur des défis que le pouvoir doit relever : le gouvernement manque d'argent, le peuple demande plus de justice et d'équité alors que la grande majorité des nobles et du clergé refusent d'abandonner leurs privilèges.

Or, le pouvoir ne prend pas la mesure de la gravité de la situation. Il hésitera sans cesse entre la réforme et la défense des inégalités, incapable de prendre en compte les évolutions de la société (essor du commerce et de l'industrie, accroissement de la population et urbanisation croissante, renouvellement des idées politiques, etc.).

Bourde et reculade

D'emblée, Louis XVI commet une grave erreur politique. Dans un souci d'apaisement, il rétablit le Parlement de Paris supprimé en 1770. Dès lors, celui-ci reprend ses manœuvres d'obstruction.

Un nouveau ministre, Jacques Turgot, veut remettre de l'ordre dans le budget. Il supprime des dépenses jugées inutiles, favorise le développement de l'économie, surtout l'agriculture. Il tente d'instaurer l'égalité de tous devant l'impôt. Mais les nobles, soutenus par la reine, protestent. Et le roi renvoie Turgot en 1776.

Un coiffeur pertinent mais impertinent

En fait, la noblesse ne réalise pas que les privilèges, avantages et honneurs qui sont les siens ne sont plus de mise, alors que les Français veulent la fin des injustices politiques et sociales. Inconsciente, elle applaudit pourtant lorsque Beaumarchais fait dire au coiffeur Figaro (dans *Le Mariage de Figaro*) : « Parce que vous êtes un grand seigneur, vous vous croyez un grand génie [...]. Qu'avez-vous fait pour tant de biens ? Vous vous êtes donné la peine de naître et rien de plus ». Les aristocrates font preuve d'une belle inconscience...

« L'Autrichienne »

Plus qu'une autre, Marie-Antoinette mène une vie insouciante, dépense des fortunes au jeu et en toilettes, s'isole au Petit Trianon, dans le parc de Versailles, en compagnie d'un cercle d'intimes. De plus, elle tarde à donner un héritier au royaume (son premier enfant ne naîtra qu'en 1778, son premier fils en 1781). La reine devient impopulaire. Elle est aussi soupçonnée de défendre auprès du roi les intérêts de l'Autriche au détriment de la France, et est affublée d'un surnom injurieux : « l'Autrichienne ».

Le roi, du côté de certains révolutionnaires

Pourtant, tout ne va pas si mal pour Louis XVI. Il remporte même une belle victoire en Amérique. Depuis la perte de ses colonies, en 1763, la France voulait en effet prendre sa revanche sur le Royaume-Uni. En 1775, les colons d'Amérique du Nord se révoltent contre Londres. La France saute sur l'occasion et décide d'aider les rebelles en leur fournissant des armes et en incitant de fougueux aristocrates – comme le jeune marquis de La Fayette – à combattre à leur côtés. Batailles sur terre, batailles sur mer... victoires françaises. Finalement, Londres s'avoue vaincue.

Et voilà pourquoi une longue rue de Paris ainsi que de nombreux quartiers, villes, ou avenues nord-américaines portent le nom de La Fayette.

Cependant, il s'agit d'une victoire à double tranchant. Le traité de Versailles, en 1783, reconnaîtra l'indépendance des États-Unis d'Amérique. Mais ce succès affaiblit paradoxalement la monarchie française. D'abord en creusant le déficit budgétaire : le gouvernement doit emprunter pour payer les dépenses de guerre. Ensuite, et surtout, en popularisant dans le royaume les idées – nouvelles – de liberté, de souveraineté du peuple, etc.

Quelques années plus tard, les révolutionnaires penseront que, puisque les Américains se sont débarrassés du souverain du Royaume-Uni, pourquoi ne pas se débarrasser du roi de France ?

Et toujours le déficit...

Pour essayer de régler la question budgétaire, Louis XVI nomme successivement plusieurs ministres :

— d'abord, en 1776, le Genevois Jacques Necker. Mais en 1781, celui-ci publie le *Compte rendu au roi* qui divulgue pour la première fois le montant des dépenses de l'État, notamment les pensions accordées aux courtisans. Ceux-ci sont furieux. Necker est obligé de démissionner,

— ensuite, un aristocrate, Charles de Calonne. Il demande aux notables d'approuver un projet de réforme fiscale. Les notables refusent. Calonne se retire,

— puis un archevêque, Loménie de Brienne, soutenu par la reine. Lui aussi propose une réforme mais se heurte au Parlement de Paris. Le roi le renvoie en 1788,

— et, de nouveau, Necker, demeuré très populaire.

Or, le roi, sans le savoir, met en marche le processus qui va l'anéantir : en désespoir de cause, et face à l'obstruction de la noblesse et du clergé, le 14 janvier 1789, Louis XVI convoque les états généraux. Ceux-ci vont se transformer, du point de vue du roi, en une véritable machine infernale.

15 DATES ESSENTIELLES À RETENIR SI VOUS AVEZ ÉTÉ TROP PARESSEUSE POUR LIRE LE CHAPITRE 4

1. 1598

Pour ramener la concorde civile, le roi Henri IV signe l'édit de Nantes, qui accorde des droits et des garanties aux protestants.

2. 14 mai 1610

Henri IV est assassiné par François Ravaillac, un catholique extrémiste, peut-être dans le cadre d'un complot.

3. 1638

Naissance – que l'on n'attendait plus : ses parents étaient mariés depuis vingt-trois ans ! – du futur Louis XIV.

4. 1648-1650

L'autorité royale est confrontée à une série de révoltes et de mouvements de contestation : c'est le temps de la Fronde.

5. 1661

À la mort du cardinal Mazarin, son principal ministre, Louis XIV se saisit de l'essentiel du pouvoir. Il en profite pour emprisonner le surintendant Fouquet, qui lui faisait de l'ombre.

6. 1682

Louis XIV, le Roi-Soleil, installe définitivement la cour au château de Versailles.

7. 1685

Louis XIV signe l'édit de Fontainebleau, qui déclare hors la loi la religion protestante : persécutés, de nombreux réformés s'exilent.

8. 1700

Louis XIV accepte le testament du roi Charles II d'Espagne qui lègue ses états et colonies au petit-fils du Roi-Soleil, dès lors nommé Philippe V d'Espagne.

9. 1715

À sa mort, Louis XIV laisse une France glorieuse mais exsangue : finances en berne, population souvent misérable.

10. 1715-1723

Après le long règne de Louis XIV, la Régence correspond à une libéralisation des mœurs. Mais l'introduction du billet de banque échoue.

11. 1763

En signant le traité de Paris, Louis XV abandonne l'essentiel des colonies françaises (Canada, Inde, etc.).

12. 1770

Le mariage du dauphin (futur Louis XVI) et de l'archiduchesse Marie-Antoinette d'Autriche illustre le rapprochement survenu entre la France et l'Autriche dans le cadre du renversement des alliances.

13. 1774

Louis XVI monte sur le trône. Il commet l'erreur de rétablir le Parlement de Paris (supprimé par Louis XV), qui va dès lors s'opposer à lui.

14. 1783

En signant le traité de Versailles qui reconnaît l'indépendance des États-Unis, la France prend sa revanche sur le Royaume-Uni, contrainte d'abandonner cette colonie prospère.

15. 1789

Pour tenter de résoudre les problèmes budgétaires qui minent la monarchie, Louis XVI convoque les états généraux.

chapitre 5

Comment tout savoir sur la Révolution (au cas où...)

De crise en crise, jusqu'à la déflagration ?

Comme quand vous enchaînez les crises, cela finit toujours par éclater. Les événements, graves et parfois dramatiques, vont se succéder. Chaque fois, la monarchie va réagir avec retard, ou bien sans talent politique, sans parvenir à s'adapter pour rattraper le mouvement qui va la broyer.

Rien ne va plus

Le 5 mai 1789, s'ouvrent donc à Versailles les états généraux. Placée sous l'autorité du roi, c'est la dernière grande cérémonie de la monarchie absolue. Procession solennelle, chapeaux à plumes et robes de cour. Tout est somptueux mais tout va aller de travers par rapport à ce qu'imaginait le roi...

Premier acte

L'un des trois ordres composant cette assemblée, le tiers état (paysans, bourgeois, commerçants, etc.), demande à ce que chaque député dispose d'un droit de vote. Au contraire, les deux autres ordres – le clergé et la noblesse – veulent, comme jadis, que les votes soient comptabilisés par ordre (étant souvent d'accord, à deux, ils auraient ainsi toujours la majorité).

Deuxième acte

Le tiers état, rejoint par certains nobles et certains ecclésiastiques, se proclame Assemblée nationale (17 juin). Il décide que seule celle-ci peut désormais voter l'impôt. Louis XVI ne tolère pas que soit ainsi proclamée la souveraineté de la nation (ce qui va à l'encontre de son droit divin). Il ordonne la fermeture de la salle des états généraux.

Troisième acte

Ainsi privés d'un lieu de réunion, les députés du tiers état s'installent au Jeu de Paume le 20 juin. Là, ils jurent de doter la France d'une constitution. Nouvelle colère du roi qui rejette cette décision et ordonne d'évacuer le Jeu de Paume. Le député Mirabeau proteste : « Allez dire au roi que nous sommes ici par la volonté du peuple et que nous n'en sortirons que par la force des baïonnettes ». Ça, vous vous en souvenez, n'est-ce pas ?

Louis XVI est désemparé. Faute de troupes qui lui permettraient d'utiliser la force, il capitule. Le 27 juin, il cède aux revendications des députés. Le 9 juillet, l'Assemblée nationale se proclame Assemblée nationale constituante. La monarchie absolue n'existe plus.

CLIVAGE DROITE/GAUCHE, DÉJÀ

La structuration de la vie politique française (et celle de nombreux autres pays) entre une gauche et une droite date de la Constituante. Selon leur affinité politiques, les députés étaient regroupés à droite, ou à gauche du président de cette assemblée.

Premier 14 juillet

Louis XVI renvoie Necker, ce qui affole les Parisiens. Ils craignent que le roi ne prépare un mauvais coup. Ils cherchent des armes. Il y en a à la Bastille, une vieille forteresse médiévale, symbole de l'absolutisme du pouvoir royal puisque le pouvoir y emprisonne qui il veut, grâce aux lettres de cachet. Le 14 juillet, une foule prend d'assaut le bâtiment qui n'est guère défendu. Les défenseurs sont massacrés. Le roi rappelle Necker pour ramener le calme.

LA BASTILLE AUJOURD'HUI...

Si vous cherchez les traces de la Bastille, vous les trouverez dessinées sur les pavés de la place du même nom, dans l'est parisien.

Fin des privilèges, proclamation de nouveaux droits

Un formidable débat d'idées se fait jour. La nuit du 4 août, l'Assemblée supprime les privilèges de la noblesse et de nombreux droits féodaux. Le 26 août, elle adopte la Déclaration des droits de l'homme et du citoyen. C'est bien un monde nouveau qui est en marche...

DÉCLARATION DES DROITS DE L'HOMME ET DU CITOYEN

Article 1er :

« Les hommes naissent et demeurent libres et égaux en droits [...] »

Article 7 :

« Nul homme ne peut être accusé, arrêté ni détenu que dans les cas déterminés par la Loi [...] »

Article 10 :

« Nul ne doit être inquiété pour ses opinions, même religieuses [...]. »

La monarchie déménage aux Tuileries

Quelques semaines passent. La province est gagnée par des troubles. Des difficultés d'approvisionnement inquiètent les Parisiens. Le 5 octobre 1789, un cortège, comptant beaucoup de femmes, se rend à Versailles. Leur but ? Demander au roi de faire distribuer du pain et d'accepter l'abolition des privilèges. À l'aube, la foule envahit le palais et contraint la famille royale à partir à Paris sur-le-champ. Louis XVI s'installe aux Tuileries. Désormais, il n'est plus libre de ses mouvements.

Puis le jeu semble se calmer, l'Assemblée élabore de nouvelles institutions qui réduisent les pouvoirs du roi. Le 14 juillet 1790, un an après la prise de la Bastille, la fête de la Fédération célèbre l'unité de la nation française, le roi est à la place d'honneur. Certains pensent que la Révolution est finie. Lourde erreur d'appréciation...

LES COLLECTIONS DU MUSÉE CARNAVALET

Le musée Carnavalet, à Paris, possède de riches collections de tableaux et d'objets qui évoquent entre autres l'histoire de la Révolution. Comme, par exemple, une maquette de la Bastille sculptée dans une pierre de... la Bastille.

Fuite et déception

Puis Louis XVI est contraint de signer un texte qui réorganise l'Église sur un modèle administratif, ce qui le choque. Il décide de contre-attaquer avec l'appui de souverains étrangers. Dans la nuit du 20 juin 1791, le roi et sa famille s'enfuient des Tuileries. Ils veulent rejoindre, à l'est, des troupes qui aideront Louis XVI à reconquérir tous ses pouvoirs. Mais le voyage est mal préparé, les fugitifs prennent du retard. Ils sont arrêtés à Varennes et reconduits à Paris (25 juin). Ce périple lamentable a brisé la relation de confiance qui existait encore entre le peuple et le roi.

La chute de la monarchie et la proclamation de la République

Parallèlement, les relations se tendent avec les autres pays d'Europe qui ont accueilli des nobles émigrés et souhaitent arrêter la Révolution. Le 20 avril 1792, la France déclare la guerre à l'Autriche (partisans et adversaires de la monarchie espèrent les uns et les autres tirer parti de ce conflit).

Après que l'Assemblée a proclamé « la patrie en danger », de nombreux Français s'engagent dans l'armée. *La Marseillaise* devient vite populaire. Mais les Parisiens sont persuadés que la famille royale complote avec l'Autriche en secret. Le 10 août 1792, le peuple en armes envahit les Tuileries. Louis XVI et les siens sont emprisonnés au Temple, une vieille tour médiévale jadis bâtie par les Templiers (vous vous souvenez ?).

Le 20 septembre, les Français vainquent les Austro-Prussiens du duc de Brunswick lors de la bataille de Valmy. L'affrontement a fait peu de victimes mais sa portée est considérable : une armée révolutionnaire formée de volontaires a battu les forces des vieilles monarchies européennes. Le lendemain, l'Assemblée prend le nom de Convention. Le même jour, celle-ci abolit la monarchie et, le 22 septembre, proclame la République.

LA MARSEILLAISE

Ce chant patriotique a été composée à Strasbourg par Rouget de l'Isle en avril 1792. Les volontaires marseillais marchant sur Paris pour s'enrôler dans l'armée reprirent ce chant et lui donnèrent leur nom.

Girondins et Montagnards

Girondins contre Montagnards et sans-culottes

En septembre 1792, la Convention est dominée par les députés girondins, des modérés. Leurs principaux adversaires sont les Montagnards, partisans d'un durcissement de la Révolution. Ils s'appuient sur les sans-culottes, des patriotes radicaux. Par ailleurs, un autre pouvoir, la Commune de Paris, joue elle aussi souvent un rôle actif et extrémiste

Souvent débordés, les Girondins ne peuvent s'opposer aux massacres de Septembre (des centaines d'hommes et de femmes suspectés d'être opposés à la Révolution sont sommairement tués). En novembre, la Convention décide de propager les idéaux de la Révolution. Elle ordonne à ses troupes d'envahir certains pays voisins comme la Savoie (alors indépendante) et les Pays-Bas autrichiens (la Belgique).

En décembre, les Girondins sont contraints d'accepter que Louis XVI soit jugé par la Convention. Le roi est accusé d'avoir attenté à la liberté publique et à la sûreté de l'État. Il est condamné et guillotiné le 21 janvier 1793.

UN POINT DE VOCABULAIRE

Les Girondins sont ainsi surnommés parce que leurs chefs sont pour la plupart élus du département de la Gironde. Quant aux Montagnards, ils doivent leur nom au fait que ces députés siègent sur les bancs situés en haut de la Convention.
Les sans-culottes – ne rêvez pas, paresseuses – portent des pantalons (longs) et non des culottes (courtes) comme les nobles.

Le triomphe des Montagnards

Or, les puissances étrangères demeurent menaçantes et des soulèvements royalistes surviennent dans le sud et l'ouest qui voit la révolte des Vendéens et celle des Chouans. La jeune République proclame une levée en masse de 300 000 soldats. En mars-avril 1793, les Montagnards font voter des mesures dites de salut public, largement dictatoriales : un Tribunal révolutionnaire et un Comité de salut public sont créés, dotés de pouvoirs exorbitants. Peu à peu, les Girondins sont mis à l'écart. Et le 2 juin, à la suite d'un mouvement de foule, les Montagnards prennent le pouvoir. Les Girondins sont arrêtés, beaucoup d'entre eux jugés et exécutés.

Roi, mais pas vraiment

Pendant ce temps, l'ouest est le théâtre d'une guerre civile, une armée catholique et royale luttant contre les forces républicaines. Ces monarchistes combattent au nom du fils de Louis XVI, demeuré prisonnier au Temple (surnommé Louis XVII, cet enfant n'a en fait jamais régné et est mort en prison en 1795). Les combats sont très durs, la cruauté sévit de part et d'autre (ces guerres fratricides ne s'achèveront vraiment qu'en 1800).

Les révolutionnaires veulent en finir avec la religion. Mais pas trop quand même : en mai 1794, ils instituent une sorte de religion républicaine qui voue un culte à l'Être suprême et célèbre la Patrie.

LE CALENDRIER RÉPUBLICAIN

Naître le 26 vendémiaire, jour de l'aubergine, an III, ou le 21 nivôse, consacré à la pierre à plâtre, an IV, ou le 15 floréal, ver à soie, ou le 25 messidor, pintade, an VI... C'était possible sous la Révolution. La Convention mit en place en octobre 1793 un calendrier républicain dont le nom des mois et des jours célébraient la nature (temps, légumes, fruits, etc.). Celui-ci ne fut jamais réellement populaire et fut abandonné en 1806.

La Terreur

L'essentiel du pouvoir est aux mains du Comité de salut public. Maximilien de Robespierre, « l'Incorruptible », y occupe la première place. Le 5 septembre 1793, sous la pression des sans-culottes, le régime dictatorial de la « Terreur » est instauré. Des tribunaux jugent de manière expéditive ceux qui sont suspectés de ne pas soutenir la République. Marie-Antoinette, d'anciens députés, des prêtres et des nobles sont guillotinés.

Dès lors, tout s'accélère. Début 1794, Robespierre fait décapiter certains Montagnards qui se sont écartés de lui (comme Danton) et des sans-culottes. En juin, la Terreur se renforce. La Révolution dévore ses enfants... Mais une conspiration renverse Robespierre le 9 Thermidor an II (27 juillet 1794). Il est exécuté le lendemain.

Retour au calme

Le Directoire

En 1795, un nouveau régime est établi, soutenu par une bourgeoisie qui aimerait bien que la situation se « normalise » : le Directoire, ainsi nommé parce que le pouvoir est assumé par cinq directeurs. Les lois d'exception sont abolies, les prisonniers politiques libérés. L'activité économique reprend peu à peu. En octobre 1795, une insurrection monarchiste est réprimée par un jeune militaire, de la petite noblesse corse, Napoléon Bonaparte. Dès lors, celui-ci devient très populaire.

DÉJÀ DES ORIGINAUX

Sous le Directoire, la jeunesse aisée a soif de plaisirs. Pour oublier les massacres et la guillotine, elle se veut extravagante, élégante. Les garçons s'habillent de manière farfelue. Ce sont les Incroyables. Comble d'originalité : ils ne prononcent pas les « r » ! Leurs compagnes, les Merveilleuses, portent des vêtements inspirés de l'antique, plus ou moins transparents, des perruques de toutes les couleurs. On s'amuse, on se marie et on divorce pour se remarier.

En 1798, il prend la tête d'une expédition envoyée en Égypte. Là, il remporte la bataille des Pyramides mais perd sa flotte à Aboukir. Il est ensuite contraint de rentrer en France, que menacent de nouveau les États voisins. Il s'empare du pouvoir à l'occasion du coup d'État du 18 brumaire an VIII (9 novembre 1799). La Révolution est terminée. La carrière de l'ambitieux Bonaparte peut vraiment commencer.

QUIZ SUR LA CAMPAGNE D'ÉGYPTE

Bonaparte a mené l'expédition d'Égypte :

- **parce qu'il voulait découvrir le trésor de Toutankhamon, fameux dans toute l'Europe ?**
- **pour se constituer un harem à bon prix ?**
- **pour recruter des mercenaires destinés à renforcer les rangs de l'armée française ?**

Rien de tout cela : il s'agissait de contrer la puissance du Royaume-Uni, en guerre contre la France, en lui coupant la route des Indes.

Trois consuls

Le nouveau régime se nomme Consulat (comme à Rome : à cette époque, l'Antiquité romaine est à la mode). L'exécutif est exercé par trois consuls. L'un d'entre eux, le Premier consul, est le véritable dirigeant. Et ce n'est autre que... Bonaparte. Il y a bien des assemblées, mais elles n'ont pas grand pouvoir. Peu à peu, Bonaparte se débarrasse des monarchistes et des républicains qui contestent son autorité.

UN POUVOIR EXÉCUTIF, LÉGISLATIF : KÉSAKO ?

Le pouvoir exécutif comprend les personnes ou les organes qui décident, agissent (par exemple un chef d'État, un Premier ministre) ;
le législatif désigne l'assemblée, ou parlement, (souvent composée de deux chambres) qui rédige les lois, donc qui légifère ; on ajoute aussi souvent le pouvoir judiciaire, les juges, qui rend la justice.

En 1802, nouveau coup d'État. Les Français acceptent que Bonaparte reste Premier consul à vie. Certes, il peut faire valoir un bilan. Après la tourmente révolutionnaire, Bonaparte s'attache à rebâtir l'État sur de nouvelles bases :

— des fonctionnaires (préfets et sous-préfets) sont chargés d'administrer les départements, d'autres les communes créés sous la Révolution,

— le Code civil est rédigé. Il consacre les conquêtes de 1789 (liberté individuelle, égalité des citoyens, laïcité, abolition de la féodalité, etc.),

— les lycées son créés,

— une nouvelle monnaie, le franc, est mise en place de même que la Banque de France, etc.

La France signe la paix avec le Royaume-Uni (1802). Mais la guerre ne va pas tarder à reprendre. Avec une ampleur assez inédite, car Bonaparte voit loin.

Des aigles et des abeilles pour Bonaparte

Le 18 mai 1804, le peuple approuve un nouveau changement de régime. L'Empire est proclamé, Bonaparte devient empereur et prend le nom de Napoléon Ier.

De la pompe...

Le nouveau régime renoue avec les fastes de la monarchie. Le 2 décembre, Napoléon Ier est sacré à Notre-Dame de Paris par le pape, venu pour l'occasion. Il s'établit aux Tuileries, recrée une cour, distribue des titres et sème partout ses symboles : son initiale, « N », des aigles et des abeilles.

MERCI BONAPARTE !

Napoléon Ier élève plusieurs monuments à Paris. Ceux-ci sont souvent imposants, il s'agit de célébrer la force et la grandeur du régime : l'église de la Madeleine, l'arc de triomphe de l'Étoile, la colonne Vendôme.

... et de l'autorité

L'Empereur concentre tous les pouvoirs : il contrôle le législatif, restreint considérablement les libertés publiques, dote la police de pouvoirs exorbitants. Bref, il a bien plus de pouvoirs que les derniers rois !

Parallèlement, la réorganisation de la France se poursuit – Napoléon Ier est un excellent administrateur – avec la création de l'Université. De même, l'armée est l'objet de tous les soins de l'Empereur (création de la Légion d'honneur). En effet, Napoléon Ier a déjà de grands projets pour ses soldats...

De nouveau, la guerre

Car la guerre reprend en 1805. Le Royaume-Uni, qui conteste la suprématie française en Europe, est le principal adversaire. Elle est au cœur de plusieurs coalitions successives que Napoléon va devoir affronter. Ça commence mal : la flotte française est battue à Trafalgar, au large de l'Espagne.

TRAFALGAR : UNE DÉFAITE POUR LES UNS, UNE VICTOIRE POUR LES AUTRES

Trafalgar, déroute française, est donc une victoire anglaise. Une des principales places de Londres est d'ailleurs dédiée à cet affrontement. De même, si la gare d'Austerlitz se trouve à Paris, la capitale britannique, elle, possède la gare de Waterloo, autre revers de Napoléon Ier...

Du coup, l'Empereur s'en prend à l'Autriche, vaincue à la bataille d'Austerlitz (2 décembre 1805). En 1806, la France conquiert le royaume de Naples (et, plus tard, une autre région de l'Italie : les États du pape). La même année, afin d'affaiblir l'économie anglaise, l'Empereur organise un « blocus continental » destiné à interdire les échanges commerciaux de Londres. Le Royaume-Uni en pâtit (l'économie française aussi, ce qui mécontente les négociants) mais contourne en partie le blocus, notamment en commerçant avec le Portugal.

L'apogée

Qu'à cela ne tienne ! En, 1808, l'armée de Napoléon envahit le Portugal. L'Empereur en profite pour s'emparer de l'Espagne, en écartant tout à la fois le roi Charles IV et son fils (des Bourbons, descendants de Philippe V) qui se disputaient le trône. L'année suivante, les Autrichiens sont de nouveau vaincus à Wagram, ce qui conduit Vienne à conclure la paix. L'une des filles de l'empereur d'Autriche, Marie-Louise, épouse Napoléon Ier. Celui-ci devient ainsi, par alliance, le parent du roi Louis XVI (souvenez-vous, la reine Marie-Antoinette était autrichienne !).

L'AIGLON

Non, il ne s'agit pas d'un oiseau de proie apprivoisé par l'Empereur. Celui-ci, surnommé l'« Aigle », eut un fils de Marie-Louise, ce garçon fut surnommé l'« Aiglon » par ses partisans. Mais il mourut jeune, à Vienne, et ne régna jamais.

L'Empire connaît son apogée en 1811. Il rassemble 42 millions de personnes (la France a annexé quelques territoires périphériques (la Belgique, une partie de l'Italie, etc.). Génie militaire, Napoléon contrôle aussi plusieurs états satellisés ; il a installé la plupart de ses frères sur des trônes : Joseph en Espagne, Louis en Hollande et Jérôme en Westphalie (nord de l'Allemagne). Bref, 80 millions d'Européens dépendent plus ou moins de l'Empereur.

La campagne de Russie

Tout ceci ne suffit pas à Napoléon Ier. En 1812, il se lance à l'assaut de la Russie qui, elle aussi, commerce avec le Royaume-Uni. Napoléon Ier est tout à ses rêves de grandeur et de domination. Il ne sait pas que, pour lui, c'est le début de la fin. La Grande Armée – 700 000 soldats – se met en marche. C'est la campagne de Russie.

À mesure que Napoléon pénètre plus avant sur le territoire russe, l'armée du tsar recule. La Grande Armée entre dans Moscou. C'est un piège. Car la ville a été volontairement incendiée par les Russes qui se sont retirés en dévastant les alentours : les Français n'ont plus rien à manger. Napoléon Ier sonne la retraite. C'est l'hiver russe, glacial. Quelque 400 000 hommes périssent sur le chemin du retour.

QUELLE BÉRÉZINA !

En pleine déroute, les Français franchissent à grand peine la rivière Bérézina. Pendant ce temps, les forces russes les harcèlent. Bref, cet épisode s'apparente à une déroute. C'est d'ailleurs ce sens que le nom de cette rivière a pris dans le langage commun.

Les adieux de Fontainebleau

En 1813, plusieurs pays européens coalisés battent la France à Leipzig (aujourd'hui en Allemagne). L'Allemagne, l'Espagne et l'Italie chassent les Français. En janvier 1814, la France est envahie à son tour. Napoléon tente de faire front mais il est battu. L'empereur abdique à Fontainebleau, le 6 avril. Il doit se contenter de gouverner la minuscule île d'Elbe, située entre la Corse et l'Italie. Un traité de paix est conclu ; pour l'essentiel, la France ne s'en sort pas trop mal : elle retrouve les limites qui étaient les siennes en 1792.

15 DATES ESSENTIELLES À RETENIR SI VOUS AVEZ ÉTÉ TROP PARESSEUSE POUR LIRE LE CHAPITRE 5

1. 5 mai 1789

Louis XVI préside, à Versailles, la cérémonie d'ouverture des états généraux, convoqués pour résoudre le problème du déficit budgétaire.

2. 20 juin 1789

Les états généraux se proclament Assemblée nationale et jurent, à l'occasion du serment du Jeu de paume, de doter la France d'une constitution. Ce qui signifie la fin de la monarchie absolue.

3. 14 juillet 1789

Des Parisiens révoltés contre l'autorité royale s'emparent de la forteresse de la Bastille pour y prendre les armes qui y sont conservées.

4. 10 août 1792

Le palais des Tuileries où demeure le roi depuis qu'il a été contraint de quitter Versailles est envahi par une foule rebellée. Louis XVI se réfugie parmi les députés de l'Assemblée.

5. 22 septembre 1792

La République est proclamée alors que, la veille, la monarchie a été abolie.

6. 21 janvier 1793

Louis XVI est guillotiné à Paris, place de la Révolution (aujourd'hui de la Concorde).

7. 9 thermidor an II (27 juillet 1794)

Principal dirigeant lors du régime de la Terreur, Maximilien de Robespierre est arrêté (il est exécuté le lendemain). C'est la fin des campagnes d'exécutions capitales.

8. 1795

Un nouveau régime républicain, le Directoire, est mis en place. La société, éprouvée par les heures sombres de la Révolution, cherche à se distraire.

9. 1798

Le général Napoléon Bonaparte prend la tête d'une expédition militaire envoyée en Égypte pour contrecarrer la puissance anglaise.

10. 18 brumaire an VIII (9 novembre 1799)

Le général Bonaparte fomente un coup d'État qui établit le régime du Consulat dont il est l'homme fort.

11. 2 décembre 1804

Napoléon Ier, qui a établi un nouveau régime, l'Empire, est sacré par le pape à Notre-Dame de Paris.

12. 2 décembre 1805

Napoléon Ier bat les Autrichiens, alliés des Anglais, lors de la bataille d'Austerlitz.

13. 1808

L'armée de Napoléon Ier envahit le Portugal, qui commerce avec le Royaume-Uni dont la France veut ruiner l'économie. L'Espagne est elle aussi conquise.

14. 1812

À la tête de la Grande Armée, Napoléon Ier se lance à l'assaut de la Russie.

15. 6 avril 1814

Chassé de Russie par l'hiver glacial puis battu à Leipzig, Napoléon Ier abdique à Fontainebleau.

chapitre 6

Comment tout savoir sur les derniers souverains et le retour définitif de la République

Comment ça ? encore des rois ?

À la chute de l'Empire, la monarchie est rétablie. Le nouveau roi se nomme Louis XVIII. C'est le frère de Louis XVI (il vivait en exil depuis juin 1791 et se considérait roi depuis 1795, date de la mort de son neveu, Louis XVII, le jeune prisonnier du Temple).

LA RESTAURATION

Non, là, il n'est ni question de réparer une vieille maison ni d'aller au restaurant : le terme Restauration désigne, dans l'histoire de France la brève période durant laquelle les rois ont retrouvé le pouvoir, en respectant ainsi l'ancienne tradition monarchique.

Des compromis

Et Louis XVIII s'installe aux Tuileries, remet en vigueur les usages de l'Ancien Régime. Partout, on replace des fleurs de lys, emblèmes de la royauté. Or, Louis XVIII sait qu'il n'est pas possible de revenir à la monarchie absolue. Le 4 juin, il « octroie » une Charte constitutionnelle (en fait, il y est contraint par la situation politique). Ce texte comprend l'essentiel des conquêtes révolutionnaires (par exemple en matière d'égalité civile et de liberté). Le roi détient le pouvoir exécutif, la Chambre des députés et la Chambre des pairs légifèrent.

Des maladresses

Mais tout le monde n'a pas l'intelligence politique de Louis XVIII. Nombre de nobles de l'Ancien Régime veulent retrouver tout ce qu'ils ont perdu pendant la Révolution (certains biens ont été détruits, d'autres achetés, revendus, etc.). L'armée est épurée, les aristocrates revenus avec le roi se montrent arrogants, maladroits. Bref, le nouveau régime indispose les Français qui, pourtant, aspiraient à la paix.

Napoléon : dernier combat, dernière défaite avec Waterloo

Depuis l'île d'Elbe, Napoléon Ier suit avec attention ce qui se passe sur le continent. Le 26 février 1815, il décide de tenter sa chance. Il prend la mer, débarque à Golfe-Juan, marche sur Paris sans rencontrer de véritable résistance. Le 26 mars, il s'installe aux Tuileries (Louis XVIII s'est enfui en Belgique). L'Empire est rétabli. On ressort les emblèmes en forme d'aigle ou d'abeille...

Or, les royaumes voisins ne l'entendent pas de cette oreille. Ils rassemblent une armée en Belgique, commandée par l'Anglais Wellington. Le 18 juin 1815, c'est la bataille de Waterloo. Pendant un temps, Napoléon croit l'emporter une fois de plus. Mais l'adversaire reçoit le renfort de troupes prussiennes commandées par Blücher. L'armée française est battue.

Le 23 juin, à Paris, l'Empereur abdique pour la seconde fois, après ce supplément de règne qui a duré environ trois mois (c'est la période dite des Cent Jours). Pour le mettre hors d'état de nuire, les Anglais le déportent à Sainte-Hélène, une île battue par les vents, perdue au milieu de l'Atlantique, au large de l'Afrique (Napoléon y mourra en 1821).

Louis XVIII : le retour

Louis XVIII revient à Paris le 8 juillet 1815. La Seconde Restauration commence. La Charte de 1814 est remise en vigueur. Les monarchistes les plus radicaux, les « ultras », veulent toujours « effacer » les traces de la

Révolution et de l'Empire. De nombreux partisans de Napoléon sont tués dans le sud du pays : c'est la Terreur blanche.

Ces ultras remportent les élections d'août 1815. Mais le roi veut s'en débarrasser, il organise un nouveau scrutin. Cette fois, les ultras reculent. Peu à peu, la prospérité revient, la paix civile est rétablie. Dans le même temps, le congrès de Vienne redessine la carte de l'Europe, en redonnant de larges pouvoirs aux différents rois.

UN PEU DE LITTÉRATURE

Paresseuses, vous voulez vous plonger dans la société française, de la Révolution à la monarchie de Juillet ? Lisez ou relisez *La Comédie humaine*, d'Honoré de Balzac !

Mais en 1820, le neveu du roi du roi est assassiné. Les ultras savent tirer parti de cet événement et reprennent le pouvoir. D'autant plus facilement que Louis XVIII est malade, affaibli : il meurt en 1824.

Un roi pas très doué

Louis XVIII n'avait pas d'enfants : son frère Charles X lui succède (lui aussi s'était exilé au début de la Révolution). Ce dernier est proche des ultras et, très attaché à l'Ancien Régime, se fait sacrer à Reims, comme ses prédécesseurs. Il s'appuie sur l'Église. Sous son règne, plusieurs lois critiquées sont votées :

— la loi du « milliard des immigrés » indemnise les aristocrates dépouillés de leurs biens pendant la Révolution,

— la loi du « sacrilège » institue la peine de mort pour les profanateurs d'hostie.

Peu doué en politique, Charles X n'a pas saisi que son mode de gouvernement n'est pas en phase avec les évolutions de la société. Il n'est même pas capable de tirer parti de la conquête d'Alger (5 juillet 1830). Peu après, en conflit avec la Chambre des députés, le roi se livre à un coup de force et rédige quatre ordonnances très contestées.

LES ORDONNANCES DE 1830 PRÉVOIENT :

— la suspension de la liberté de la presse,
— la dissolution de la Chambre,
— la réduction du nombre des électeurs,
— l'organisation de nouvelles élections.

Ces textes sont parfaitement légaux, mais illégitimes. Ils suscitent une vaste émotion. Les Parisiens se soulèvent, combattent l'armée royale les 27, 28 et 29 juillet 1830, les « Trois Glorieuses ». Charles X hésite sur la conduite à tenir, s'enfuit puis abdique et part une nouvelle fois en exil.

Une autre révolution, mais industrielle

Parallèlement, le début du XIXe siècle est marqué, en France, par le début – un peu lent par rapport à certains pays voisins – de la première révolution industrielle : usage du charbon, de la machine à vapeur et du fer, construction des premières voies ferrées, développement des industries métallurgique et mécanique. Nombre de paysans deviennent ouvriers. Les femmes travaillent, et aussi les enfants, parfois très jeunes, à partir de l'âge de cinq ans ! La journée de travail peut durer quinze heures et les salaires sont modestes.

LA RÉVOLUTION EN PEINTURE

Une toile fameuse d'Eugène Delacroix, *La Liberté guidant le peuple*, évoque de manière saisissante la révolution de 1830.

Le dernier roi

Pourtant, on n'en a pas encore tout à fait fini avec les rois. Le pouvoir est en effet confié à un cousin de Charles X, le duc d'Orléans (d'une branche cadette de la famille des Bourbons qui descend du Régent). Ce dernier prend le nom de Louis-Philippe Ier. Pour tenir compte du rejet de l'Ancien Régime, il abandonne le titre de roi de France et prend celui de roi des Français, moins « vieille France ». Le drapeau tricolore, qui évoque la Révolution, remplace le drapeau blanc de la Restauration.

LA « MONARCHIE DE JUILLET »

Le nouveau régime est surnommé ainsi car il est installé à l'issue de la révolution de juillet 1830.

Un peu toilettée, la Charte est remise en vigueur. Ce changement de dynastie marque en fait l'affaiblissement de la vieille aristocratie d'avant 1789 et la montée en puissance de la grande bourgeoisie. Mais le régime est contesté à la fois par les partisans de la république et ceux de l'Ancien Régime.

À partir de 1840, le roi confie le pouvoir à François Guizot. Ce ministre favorise l'économie mais néglige le social, se montre trop conservateur alors que se répandent des idées nouvelles (comme le catholicisme libéral). Dès 1847, l'opposition organise des banquets pour demander une réforme du régime. Le 23 février 1848, une nouvelle révolution éclate à

Paris, le poète Alphonse de Lamartine y participe. Louis-Philippe Ier abdique et quitte la France à son tour. Cette fois, il n'y aura plus jamais de roi en France !

TÊTE DE POIRE

Louis-Philippe Ier a été beaucoup raillé par les caricaturistes. Vous souvenez-vous, paresseuses, des célèbres dessins qui comparent le visage du roi à une poire dodue et feuillue ?

TRAVAIL DES ENFANTS

En 1841, le travail des enfants de moins de douze ans est limité à 8 heures par jour.

Retour de la République...

La IIe République

La IIe République est proclamée. Le suffrage universel est institué (mais il ne concerne que les hommes : à cette époque, pas question d'accorder le droit de vote aux femmes !). La devise de la France (toujours en vigueur) devient : « Liberté, égalité, fraternité ». Des lois progressistes sont adoptées. Par exemple :

— la liberté de la presse et de réunion est rétablie,

— grâce à l'humaniste Victor Schoelcher, l'esclavage en vigueur dans les colonies est aboli (il l'avait déjà été, brièvement, sous la Révolution avant d'être rétabli par Bonaparte).

En mars 1848, le gouvernement crée des Ateliers nationaux pour fournir du travail aux ouvriers. Mais en fait, la tâche manque, le système coûte cher et la bourgeoisie prend peur de ces rassemblements de « classes dangereuses ». La dissolution prématurée de ces Ateliers provoquent, en juin, des émeutes d'ouvriers, durement réprimées.

Adoptée en novembre, une nouvelle Constitution crée la fonction de président de la République (ce mandat n'existait pas sous la Ire République). Le premier scrutin présidentiel est organisé le 10 décembre.

Retour de la famille Napoléon

Cette élection est marquée par la victoire d'un neveu de Napoléon Ier. Fils de Louis, l'ancien roi de Hollande, le prince Louis-Napoléon a séduit les électeurs conservateurs mais aussi les progressistes. Les mois qui suivent, le nouveau président réussit à se montrer tout à la fois partisan de l'ordre et de la réforme. En principe, son mandat s'achève en 1852. Mais il a une idée en tête...

Deux coups d'État à la suite

Le prince-président procède à une confiscation du pouvoir en deux temps, comme son oncle Napoléon Ier. Bon sang ne saurait mentir...

— dans la nuit du 1er au 2 décembre 1851, le président organise un premier coup d'État : les opposants politiques sont arrêtés, l'armée se déploie dans Paris. L'Assemblée est dissoute. Peu après, lors d'un plébiscite, le président obtient un mandat de dix ans,

— en 1852, le prince-président procède à la seconde étape de sa prise du pouvoir. Il annonce le rétablissement de l'Empire (la IIe République cesse donc d'exister, elle n'avait que quatre ans !). Il prend alors le nom de Napoléon III, ce que les Français approuvent lors d'une nouvelle consultation.

NAPOLÉON ET VICTOR HUGO

Victor Hugo s'indigne du coup de force du prince-président. Il s'exile à Bruxelles. Vexé, Louis-Napoléon Bonaparte signe un décret d'expulsion qui empêche l'écrivain de revenir en France. Celui-ci répond en écrivant un ouvrage dont le titre caustique se moque du chef de l'État : *Napoléon le Petit.*

Le règne de Napoléon III

Après avoir établi un pouvoir fort...

D'abord, Napoléon III établit un pouvoir fort :

— la plupart des libertés (de la presse, d'association, etc.) sont supprimées,

— les préfets et les forces de l'ordre surveillent de près l'ensemble de la population,

— le pouvoir législatif est marginalisé,

— les élections sont très peu démocratiques (le gouvernement soutient les candidats « officiels »).

Mais, conjugué à une modernisation économique, l'ordre qui règne satisfait, outre l'armée et les milieux catholiques, l'aristocratie et la bourgeoisie d'affaires. Les paysans continuent à déserter les campagnes pour grossir les rangs du prolétariat qui commence à s'installer dans les banlieues.

UN PEU DE LITTÉRATURE

Émile Zola a décrit ces transformations sociales dans son œuvre la plus célèbre, *Les Rougon-Macquart*. Paresseuses, vous savez ce qui vous reste à faire !

Les classes aisées tirent profit des grands aménagements auquel le préfet Georges Haussmann procède dans Paris : celui-ci perce des avenues, aménage des égouts, reconstruit les Halles, achève le palais du Louvre, etc. De grands magasins comme Le Printemps ou Le Bon Marché voient le jour, de même que de grandes banques : la Société générale ou le Crédit lyonnais. L'appareil industriel se modernise (textile, métallurgie, produits chimiques). La population continue sa progression : elle comprend 38,5 millions d'habitants.

... le régime s'assouplit un peu

Vers 1860, le régime lâche un peu de lest. Après avoir amnistié des condamnés politiques, l'empereur accroît les prérogatives du législatif. Les ouvriers, obtiennent le droit de faire grève en 1864. Quatre ans plus tard, la liberté de la presse est en partie rétablie. En avril 1870, de nouvelles institutions, libérales, sont mises en place.

STYLE NAPOLÉON III

Il est à la fois facile et difficile à reconnaître car il mélange tous les autres : le style Louis XV, le Louis XVI, l'art romain ou celui de la Renaissance... Son but ? Il faut faire riche, opulent, pour plaire à la bourgeoisie triomphante. L'Opéra dessiné par Charles Garnier en constitue un bel exemple.

Une politique extérieure aux résultats mitigés...

Tout au long de son règne, Napoléon III entend peser sur les affaires internationales :

— aux côtés du Royaume-Uni, il fait la guerre à la Russie, vaincue à Sébastopol,

— l'empereur favorise l'unification de l'Italie, alors morcelée et contrôlée par l'Autriche,

— la France colonise l'Algérie, annexe une partie de l'Indochine, s'implante en Nouvelle-Calédonie, etc.

... voire catastrophiques

En revanche, le régime échoue lamentablement à créer au Mexique un empire catholique (gouverné par un Habsbourg envoyé bien loin de chez lui...) qui lui soit favorable et contrebalance la puissance des jeunes États-Unis,

— Napoléon III n'est pas plus chanceux dans ses relations avec la Prusse. Ce pays, mené d'une main de fer par l'habile Otto von Bismarck, chancelier du roi Guillaume Ier, cherche à accroître son influence en Europe... À partir de 1866, la tension monte entre les deux pays. Le 19 juillet 1870, Napoléon III – qui se fait des illusions sur les capacités et l'état de préparation de son armée – déclare la guerre à la Prusse. En quelques semaines, celle-ci met les troupes françaises hors de combat. Napoléon III est même fait prisonnier à Sedan et est obligé de se rendre (1er septembre). Un comble pour le neveu de Napoléon Ier !

Soulèvement des Parisiens

Les Parisiens refusent d'accepter cette défaite et se soulèvent. L'Empire est aboli. L'impératrice, Eugénie de Montijo, s'enfuit (Napoléon III sera libéré et la retrouvera au Royaume-Uni). La IIIe République est proclamée le 4 septembre 1870. Cette fois, c'est la bonne, il n'y aura plus de souverain en France !

15 DATES ESSENTIELLES À RETENIR SI VOUS AVEZ ÉTÉ TROP PARESSEUSE POUR LIRE LE CHAPITRE 6

1. 4 juin 1814

Louis XVIII, frère de Louis XVI, revenu en France après un long exil « octroie » une Charte constitutionnelle, qui entérine certains changements instaurés par la Révolution. C'est la Première Restauration.

2. 26 mars 1815

Après s'être échappé de l'île d'Elbe où il était relégué, Napoléon Ier s'installe de nouveau au palais des Tuileries dont Louis XVIII s'est enfui.

3. 18 juin 1815

Napoléon Ier est définitivement battu à la bataille de Waterloo (il abdique le 23 juin 1815 pour la seconde fois).

4. 8 juillet 1815

Louis XVIII revient à Paris. La Seconde Restauration commence.

5. 1820

L'assassinat du neveu du roi donne l'occasion aux monarchistes extrémistes, les « ultras », d'influer sur les affaires publiques.

6. 1830

À la mort de Louis XVIII, son frère Charles X, réactionnaire et tête peu politique, lui succède.

7. 27, 28 et 29 juillet 1830

Lors de la Révolution des « Trois Glorieuses », les Parisiens vont renverser le roi Charles X. C'est la fin de la Restauration.

8. 1840

Louis-Philippe Ier, roi des Français depuis 1830, confie le pouvoir à François Guizot qui le conserve jusqu'à la fin de la « monarchie de Juillet ».

9. 23 février 1848

Louis-Philippe Ier est à son tour renversé lors d'une révolution parisienne. La IIe République est instaurée.

10. 10 décembre 1848

Louis-Napoléon Bonaparte remporte l'élection présidentielle (la première à être organisée en France).

11. 1er-2 décembre 1851

Le « prince-président » organise un premier coup d'État qui prolonge son mandat.

12. 1852

Le prince-président rétablit l'Empire à son profit et prend le nom de Napoléon III.

13. Années 1860

Après une période autoritaire, l'Empire se libéralise.

14. 19 juillet 1870

Sûr de la victoire, Napoléon III déclare la guerre à la Prusse qui va vaincre la France en quelques semaines.

15. 4 septembre 1870

Après la défaite de Napoléon III, la IIIe République est proclamée.

chapitre 7

Comment la IIIe République, née d'une défaite, est emportée par une autre

Léon Gambetta, Jules Ferry, la Commune : ces noms vous évoquent vaguement quelque chose ?

Après l'effondrement du Second Empire, un gouvernement provisoire est mis en place, d'abord dirigé par Léon Gambetta et Jules Ferry. Dans un premier temps, le nouveau régime veut poursuivre le combat contre les Prussiens. Mais Paris est assiégée et bombardée. Le gouvernement est contraint de renoncer à la lutte. Un armistice est conclu le 28 janvier 1871.

Quelques jours auparavant, le roi de Prusse a proclamé la création de l'Empire allemand, qui fédère les États de culture germanique (Bavière, Saxe, etc.) autour de la Prusse victorieuse (font aussi partie de ce nouvel État l'Alsace et la Lorraine, perdues par la France). Guillaume Ier a choisi d'annoncer la formation de ce nouvel État dans la galerie des Glaces du château de Versailles, pour humilier la France...

La Commune de Paris...

Le 1er mars, les autorités acceptent les conditions posées par Bismarck pour signer la paix. Mais les Parisiens (les artisans, commerçants, etc.) sont favorables à la poursuite de la lutte. Ils contestent le pouvoir d'Adolphe Thiers, nouvel homme fort de la jeune République.

Celui-ci demande aux soldats de récupérer les armes (des canons) qui se trouvent à Paris. Des militaires se mutinent, la capitale se soulève. Thiers et le gouvernement s'enfuient à Versailles – tout un symbole ! Le 26 mars, les Parisiens désignent une autorité nommée Commune de Paris.

... et la réaction versaillaise

Les partisans de ce pouvoir, les Communards, se dotent d'un programme politique destiné à transformer la France. Ils envisagent de faire une sorte de fédération de communes, laïque et sociale. Mais ils sont assez divisés.

Le 21 mai, l'armée envoyée par le gouvernement de Thiers, les « versaillais » pénètrent dans Paris. Quartier après quartier, ils reconquièrent la capitale. C'est la Semaine sanglante. Les Communards se défendent, brûlent des monuments (les Tuileries, l'Hôtel de ville, etc.), exécutent des otages. Peu à peu, ils sont repoussés vers les quartiers de l'est. Environ 20 000 d'entre eux trouvent la mort (mieux organisés, les versaillais seulement quelques centaines). Les derniers Communards sont fusillés contre le mur des Fédérés, dans le cimetière du Père Lachaise. Plusieurs milliers d'autres sont jugés et souvent déportés, comme la célèbre Louise Michel.

POUR BRILLER EN SOCIÉTÉ

Paresseuses parisiennes qui passez devant le Sacré-Cœur, savez-vous que cette église a été bâtie par les catholiques conservateurs pour « effacer » la Commune ?

République ou monarchie ?

Thiers garde quelque temps le pouvoir (il paie une indemnité de guerre à la Prusse dont les troupes d'occupation finissent par quitter le territoire). Certes, c'est un partisan de l'ordre et il défend les intérêts des classes aisées. Mais il est républicain et la nouvelle Assemblée est monarchiste. Elle l'oblige à démissionner en mai 1873.

En fait, les monarchistes ont un petit problème : ils sont séparés en deux groupes. Les uns, les « légitimistes », sont partisans du comte de Chambord, petit-fils de Charles X. Les autres, les « orléanistes » soutiennent le comte de Paris, petit-fils de Louis-Philippe Ier. L'Assemblée nomme alors un nouveau président, Patrice de Mac-Mahon. Celui-ci, militaire de carrière, s'engage à quitter le pouvoir dès que les monarchistes se seront mis d'accord.

Mais en quelques années, les esprits évoluent. Les partisans d'une nouvelle restauration perdent peu à peu du terrain, les républicains deviennent *a contrario* majoritaires. En 1875, un amendement proposé par le député Henri-Alexandre Wallon confirme que la IIIe République est bien une république ! L'option monarchiste est définitivement écartée.

ENFANTILLAGES POLITIQUES

En fait, le comte de Chambord (surnommé Henri V par ses partisans bien qu'il n'ait donc jamais régné) a manqué de peu le trône. Au moment où une nouvelle Restauration était probable (on avait même construit son carrosse !), il refusa d'abandonner le drapeau blanc des derniers rois pour prendre le drapeau tricolore. Et, ainsi, il repoussa la couronne !

La République, pour longtemps

La IIIe République, donc, est mise en place. Après la monarchie d'avant 1789, c'est le régime qui, à ce jour, est le plus long régime que la France a connu. Le président de la République a très peu de pouvoir. L'exécutif est dirigé par le président du conseil (l'actuel Premier ministre), dont l'action est contrôlée par les partis représentés à la Chambre des députés (aujourd'hui l'Assemblée nationale).

Et le 14 Juillet devint la fête nationale

Dès lors, assurée d'être bien installée, la IIIe République se lance dans une série de réformes. Sur le plan des symboles, *La Marseillaise* et le 14 Juillet deviennent respectivement l'hymne et la fête nationale.

Sous l'autorité de Léon Gambetta ou de Jules Ferry, des républicains modérés adoptent, pendant une vingtaine d'années, des lois qui établissent plusieurs libertés fondamentales importantes et sont pour certaines toujours appliquées :

- en 1881, une large liberté de la presse est instituée,
- l'enseignement primaire devient obligatoire, gratuit et laïc,
- le divorce est autorisé (contre la volonté de l'Église),
- la liberté d'association est instituée (loi de 1901),
- les maires sont désormais élus (sauf à Paris : le souvenir de la Commune fait peur aux autorités).

Dans les toutes premières années du XXe siècle, les pouvoirs publics entreprennent de laïciser la société (la France et le Saint-Siège sont liés depuis le concordat de 1801). En 1902, nombre d'écoles religieuses sont fermées. En 1905, est votée la loi – toujours en vigueur – instaurant une séparation entre l'Église et l'État.

POUR BRILLER EN SOCIÉTÉ

Après l'épisode de la Commune, l'État central s'est longtemps méfié de Paris : il faudra attendre 1977 pour que la capitale puisse librement élire son maire.

Progrès économiques, sociaux et scientifiques

Par ailleurs, des limitations sont apportées au travail des femmes et des enfants ; un jour de repos hebdomadaire est instauré ; les syndicats sont autorisés (loi Waldeck-Rousseau de 1884) ; la responsabilité du patron en cas d'accident du travail est instaurée. Cette montée en puissance des idées socialistes n'empêchent pas que des grèves très dures se déroulent au début du XXe siècle.

Ces réformes sociales correspondent à l'accélération des progrès techniques, conséquence de la seconde révolution industrielle (utilisation de l'énergie électrique), de la lente mise au point de l'automobile (par Dion, Bouton, Renault ou Peugeot) ou des premiers avions, de la construction d'un réseau ferré ou de la montée en puissance de la métallurgie.

L'ingénieur Gustave Eiffel met à profit les progrès techniques accomplis pour travailler le métal : il élève la tour Eiffel en 1889, pour le centenaire de la Révolution française.

En parallèle, sur le plan scientifique, Louis Pasteur découvre l'existence des microbes (1863). Et Pierre et Marie Curie étudient quant à eux les propriétés du radium.

L'impressionnisme et le cinéma

Dans le domaine artistique, la peinture connaît un renouveau exceptionnel. L'invention de la photographie libère les peintres qui, dès lors, n'ont plus besoin de chercher à imiter la réalité. Avec son tableau intitulé *Impression, soleil levant*, Claude Monet donne son nom à un courant artistique, l'impressionnisme, où s'engouffrent ensuite Paul Cézanne, Édouard Manet, Paul Gauguin, Auguste Renoir ou Vincent Van Gogh. Puis viennent les fauvistes (Henri Matisse) et plus tard les cubistes (Picasso). La sculpture s'éloigne elle aussi des canons traditionnels avec Auguste Rodin ou Antoine Bourdelle. Dans le même temps, les frères Lumière inventent le cinématographe (1895).

Des compositeurs renouvellent la musique : Claude Debussy, Maurice Ravel ou Gabriel Fauré. En matière littéraire, outre les romans de Jules Verne, Anatole France, Maurice Barrès ou Charles Péguy nourrissent le débat politique. Paul Claudel, Marcel Proust ou Paul Valéry apportent à la littérature un souffle nouveau. Guillaume Apollinaire, Stéphane Mallarmé, Paul Verlaine ou Arthur Rimbaud renouvellent la poésie.

Belle Époque

Bref, cette accélération du progrès scientifique accompagnée d'un développement de l'économie et d'un foisonnement culturel donne aux classes aisées la possibilité de mener une vie agréable. La fin du XIXe siècle et les premières années du XXe seront ainsi qualifiées de « Belle Époque », après la Première Guerre mondiale, par opposition à cette période belliciste.

Crise et scandale

Pour autant, ces années de paix et de prospérité ne sont pas exemptes de crises ou de violences (les militants anarchistes mènent des actions radicales : en 1894, le président de la République Sadi Carnot est assassiné par l'un d'entre eux).

La lamentable aventure du général Boulanger

À partir de 1886, un nationaliste, le général Boulanger, ministre de la Guerre, acquiert une grande popularité. Il se lance dans la politique, en profitant d'un certain désenchantement à l'égard de la République, surtout perceptible à droite. En 1889, il est triomphalement élu député de Paris. Il envisage de s'emparer du pouvoir par la force, hésite et finit par s'enfuir. Boulanger se suicide à Bruxelles, sur la tombe de sa maîtresse !

L'affaire Dreyfus

En 1894, le capitaine Alfred Dreyfus, un juif, est accusé d'avoir transmis en secret des documents à l'ambassade d'Allemagne. Condamné, il est envoyé au bagne. Dès lors, la société française voit s'opposer les « dreyfusards » (comme Émile Zola) qui croient en l'innocence de l'officier et les « antidreyfusards » (dont Paul Valéry). On se dispute en famille, on s'invective. En fait, l'affaire révèle le profond antisémitisme qui ronge le corps social. Dreyfus est reconnu coupable lors d'un nouveau procès, en 1899. Il est ensuite gracié avant d'être finalement innocenté.

Les colonies françaises

La IIIe République se dote d'un imposant ensemble de colonies. La France envoie de nombreux colons en Algérie et s'empare de vastes territoires en Afrique subsaharienne. Sont ensuite mises en place l'Afrique occidentale française (AOF) et l'Afrique équatoriale française (AEF). Par ailleurs, est créée une Union indochinoise.

Plus tard, élus et hommes d'affaires instituent une politique coloniale. Il s'agit d'exploiter les matières premières (ressources minérales, végétales, etc.) de ces territoires administrés et de leur faire acheter des produits manufacturés de métropole. Certes, ces pays sont dotés d'aménagements (routes, ports, etc.). Certains progrès en matière de santé ou d'éducation y sont introduits. Mais ils ne profitent qu'à une très faible partie des populations à qui, d'ailleurs, la nationalité française est refusée. Bien entendu, les structures politiques et culturelles de ces pays sont durablement et gravement altérées, leurs richesses pillées, leurs populations marginalisées.

Lors de l'édification de cet « empire » colonial, la France se heurte au Royaume-Uni, mais aussi à l'Allemagne qui, depuis la guerre de 1870-1871 ne cesse de vouloir dominer l'Europe et veut, outre-mer, se constituer son empire à elle...

Soudain, la guerre mondiale

L'Europe est en paix et prospère, ses peuples finalement assez proches les uns des autres. Pourtant, un terrible conflit va éclater.

L'élément déclencheur de cette guerre ? Le 28 juin 1914, l'archiduc François-Ferdinand, héritier de l'Autriche-Hongrie (État qui a succédé au Saint Empire), est assassiné à Sarajevo, la capitale de la Bosnie (ce pays est alors sous le contrôle de Vienne). Un mois plus tard, l'Autriche-Hongrie, soutenue voire aiguillonnée par l'Allemagne, déclare la guerre à la petite Serbie, soupçonnée d'avoir facilité cet attentat. La Russie, alliée de la Serbie, déclare alors la guerre à Vienne. Ensuite, l'engrenage fatal se met en marche.

Par le jeu des alliances, sous l'influence de leurs nationalistes respectifs, la plupart des pays européens sont entraînés dans la Première Guerre mondiale. D'un côté, la France, le Royaume-Uni et la Russie forment la Triple Entente autour de laquelle se regroupent ensuite les Alliés (comme l'Italie, le Japon et plus tard les États-Unis). L'Autriche-Hongrie et son alliée traditionnelle, l'Allemagne, constituent le camp des Empires centraux auxquels se joint l'Empire ottoman alors à l'agonie, puis la Bulgarie, etc.

En France, c'est en vain que le responsable socialiste Jean Jaurès tente de défendre la paix (il est assassiné le 31 juillet 1914). Les Français, grisés par un discours belliciste, s'attendent à une victoire facile. Ils se rassemblent au sein d'une « Union sacrée ». Les militaires partent « la fleur au fusil ». Il s'agit de défendre non seulement la patrie mais aussi les valeurs de la république.

Premiers combats

Fin août-début septembre, les troupes allemandes, dotées d'un armement moderne, envahissent et traversent la Belgique puis réussissent à faire reculer l'armée française. Paris est menacée, le gouvernement se replie à Bordeaux.

Le général Joseph Joffre lance ensuite une contre-offensive. Du 6 au 13 septembre, c'est la fameuse bataille de la Marne, qui voit s'affronter deux millions d'hommes. Les militaires français, qui ont reçu le renfort de l'armée britannique, ont gagné le champ de bataille en prenant place à bord des taxis de la capitale... Les Allemands reculent.

Tranchées, attaques et contre-offensives

Les derniers mois de 1914, les soldats français et allemands tentent de se prendre à revers les uns les autres en avançant vers l'ouest. Au terme de cette « course à la mer », le front s'étend depuis les Alpes jusqu'à la mer du Nord, 750 km au total. Les armées sont fatiguées, souffrent d'un manque de matériel.

Désormais immobilisées, elles se protègent en creusant des tranchées où elles se terrent. La vie des soldats y est excessivement pénible. Elle est rythmée par les attaques, aux objectifs militaires flous, souvent absurdes, les contre-offensives, les nouveaux assauts, jamais décisifs. En fait, ce front ne va guère évoluer durant les trois années suivantes.

On se bat aussi sur le front russe, dans les Balkans, dans les Détroits reliant la Méditerranée à la Mer noire. Peu à peu, le conflit devient mondial : les colonies envoient des contingents, les marines des combattants s'affrontent sur les mers (et dans les profondeurs, avec les sous-marins), les premiers avions de combat apparaissent dans les airs. De nouveaux pays entrent en guerre.

UN PEU DE LITTÉRATURE

Vous souhaitez lire de grandes œuvres sur la Première Guerre mondiale ? Plongez-vous dans les écrits de Roland Dorgelès (*Les Croix de bois*), Henri Barbusse (*Le Feu*) ou Erich Maria Remarque (*À l'Ouest rien de nouveau*), tous marqués par leur séjour dans les tranchées.

Tuerie, mutineries

De février 1916 à février 1917, une terrible bataille se déroule à Verdun, s'éternise, et cause la mort de plusieurs centaines de milliers de soldats français et allemands... L'année suivante est marquée, en France, par des grèves et des mutineries. L'ordre est rétabli par Philippe Pétain, qui fait fusiller 75 mutins. Il améliore les conditions de vie de la troupe. De son côté, le chef du gouvernement, Georges Clemenceau, surnommé « le Tigre », redonne confiance à la nation. Cette même année 1917 voit l'entrée en guerre des États-Unis (aux côtés des Alliés) et, en Russie, le renversement du régime du tsar Nicolas II.

GROSSE BERTHA

Non, il ne s'agit pas du nom d'une espionne allemande un peu enrobée. Mais de celui d'un fameux obusier, ainsi baptisé en l'honneur de l'épouse du fabriquant Alfred Krupp, et qui fut utilisé par Berlin pendant la Première Guerre mondiale.

Enfin, la paix

Au printemps 1918, l'Allemagne lance une grande offensive, la « bataille de France », destinée à remporter la victoire ou, au moins, à négocier une paix honorable. Mais, en juillet, Ferdinand Foch parvient à repousser l'attaque lors de la « seconde bataille de la Marne ». Dès lors, les Alliés font la preuve de leur supériorité.

De plus, l'Allemagne et l'Autriche-Hongrie sont minées par des troubles et des insurrections (en Allemagne, une république va remplacer le régime impérial et l'Autriche-Hongrie céder la place à plusieurs nouveaux États). Le 11 novembre 1918, un armistice est signé à Rethondes, près de Compiègne. La France déplore 1,4 million de morts, de nombreux mutilés, dont les « gueules cassées », ainsi nommés parce que les blessures reçues les ont défigurés.

Une série de traités – le plus important est le traité de Versailles conclu le 28 juin 1919 – organise la paix et dresse une nouvelle carte de l'Europe. On souhaite que ce conflit, surnommé la « Grande Guerre », soit la « der des der » (la dernière guerre). La France récupère l'Alsace-Lorraine et, avec le Royaume-Uni, se partage les anciennes colonies de l'Allemagne (Togo, Cameroun, etc.) et de l'Empire ottoman (Liban, Syrie, Palestine, etc.).

Une belle idée, qui échouera

En 1920, la communauté internationale crée la Société des nations (SDN), destinée à maintenir la paix et à établir une coopération entre les peuples. Mais d'emblée, les États-Unis refusent de faire partie de cette organisation dont, pourtant, la création doit beaucoup à leur président, Thomas Woodrow Wilson. Les années qui suivent, la SDN fait vite la preuve de son impuissance (elle sera remplacée par les Nations unies après la Seconde Guerre mondiale).

Une société profondément modifiée

La Première Guerre mondiale a largement bouleversé la société française. Spéculateurs, industriels spécialisés dans le matériel militaire se sont enrichis. Mais tout un monde de rentiers et d'épargnants ont été ruinés. La situation des salariés s'est détériorée et ceux-ci obtiennent que la durée de la journée de travail soit limitée à huit heures. Demeurées à l'arrière, les femmes, qui ont souvent remplacé les hommes dans toutes sortes de tâches, se sont émancipées.

La guerre finie, ce sont les « années folles », les années 1920. Les classes aisées de la population s'efforcent d'oublier le conflit en dansant sur des airs de jazz, en buvant du whisky. Le cinéma prend son essor.

Recompositions politiques, difficultés économiques

Mais l'économie française s'étiole. Des grèves éclatent, parfois réprimées par l'armée. L'année 1919 voit la victoire électorale de la droite. C'est la Chambre « bleu horizon », ainsi surnommée à cause de la couleur de l'uniforme des nombreux anciens combattants envoyés à la Chambre des députés (l'Assemblée nationale d'aujourd'hui).

Parallèlement, les idées progressistes s'affirment elles aussi. Fin 1920, lors du congrès de Tours, la gauche se divise durablement. Deux courants apparaissent. D'un côté, les communistes, proches du régime bolchevik récemment mis en place à Moscou ; de l'autre, les socialistes, critiques à l'égard de cette expérience politique dont ils dénoncent le caractère totalitaire. Quatre ans plus tard, les élections législatives voient la victoire du Cartel des gauches.

En 1923, l'armée française prend le contrôle d'une région allemande, la Ruhr, et de ses mines de charbon. Il s'agit de contraindre Weimar, la nouvelle capitale de l'Allemagne, à payer les indemnités de guerre prévues, alors que ce pays est confronté à une grave crise économique. Contre tout bon sens, compte tenu de l'extrême lourdeur de ces indemnités, Paris aime alors répéter : « L'Allemagne paiera ».

Le 24 octobre 1929, une très grave crise économique éclate aux États-Unis. En quelques mois, de nombreux épargnants sont ruinés, les entreprises ferment. Le chômage explose.

Un peu atténuée, cette crise mondiale atteint la France en 1931 : l'agriculture est frappée de plein fouet, ce qui entraîne une baisse des exportations et un accroissement des importations. Le secteur industriel périclite. L'année suivante, le pays compte 500 000 chômeurs.

Vigueur de l'extrême droite

L'incapacité des gouvernements qui se succèdent alimente le développement des extrêmes. À droite de l'échiquier politique, se forment des ligues nationalistes et très conservatrices. Parmi celles-ci figure l'Action française, très antiparlementaire, qui milite en faveur d'un rétablissement de la monarchie.

Le 6 février 1934, ces ligues veulent manifester contre le gouvernement, aux abords de la Chambre des députés. Une émeute prend forme, la police intervient et tire. Il y a plusieurs morts et des centaines de blessés. Les forces de gauche organisent ensuite des manifestations de protestation. Les tensions politiques s'accroissent. La crise économique, elle, s'essouffle.

LES CAMELOTS DU ROI

Ils n'étaient pas, paresseuses, des vendeurs à la sauvette mais de jeunes monarchistes de l'Action française, parfois violents, qui vendaient leur journal à la criée.

Succès historique de la gauche

Lors des élections du 26 avril et du 3 mai 1936, la gauche remporte la majorité absolue à la Chambre des députés. C'est la victoire du Front populaire pour « la défense des libertés républicaines » et le « progrès social », un accord rassemblant les forces de gauche.

Un socialiste, Léon Blum, devient chef du gouvernement, ce qui, en France, est une première. Les communistes ne participent pas au gouvernement (composé de socialistes et de radicaux) mais le soutiennent. Pour appuyer le nouveau ministère et faire valoir leurs revendications, les salariés lancent un formidable mouvement de grève (un million et demi d'ouvriers occupent les usines).

Les premières vacances

Dans le cadre des accords de Matignon, conclus le 7 juin 1936, le patronat doit concéder d'importants avantages sociaux :

— semaine de quarante heures,

— quinze jours de congés payés chaque année ; c'est la première fois que, dans leur grande majorité, les Français peuvent partir en vacances et, par exemple, contempler la mer...

— des augmentations salariales,

— garantie de l'exercice des droits syndicaux,

— nationalisation des chemins de fer, etc.

Mais la situation de l'économie se dégrade. Les journaux et les partis d'opposition attaquent le gouvernement avec violence. Une campagne est menée dans la presse d'extrême droite contre le ministre de l'Intérieur, Roger Salengro, injustement accusé d'avoir déserté pendant la Première Guerre mondiale. Celui-ci se suicide.

Difficultés

Par ailleurs, Léon Blum souhaiterait ralentir les réformes que les communistes, au contraire, veulent approfondir. Autre divergence, capitale : là aussi contre les communistes, le gouvernement décide de ne pas intervenir pour défendre la jeune république espagnole attaquée par les forces rebelles du général Franco (appuyé par l'Allemagne nazie et l'Italie fasciste, celui-ci remportera cette guerre d'Espagne en 1939).

La situation se dégrade. Finalement, Léon Blum doit démissionner le 21 juin 1937.

Tensions internationales

La prise de pouvoir par Hitler

Après une brève embellie économique, l'Allemagne est frappée de plein fouet par la crise de 1929. Une large partie de la population est au chômage, prête à se laisser séduire par un discours radical. En 1933, un exalté d'extrême droite, Adolf Hitler, s'empare du pouvoir après que son parti a remporté les législatives. C'est la naissance du IIIe Reich, un État totalitaire et expansionniste. Dès lors, Hitler mène une politique qui entend accroître l' « espace vital » des Allemands, porte gravement atteinte aux libertés, persécute les communistes et les juifs. Bref, il établit une dictature.

L'avancée nazie

Menant une politique agressive à l'égard de ses voisins, Hitler réoccupe militairement la région de la Rhénanie en 1936. Comme le Royaume-Uni, la France proteste mais n'intervient pas. La même année, l'Allemagne nazie se rapproche de l'Italie où Benito Mussolini a établi une autre dictature, celle du parti fasciste. Sur sa lancée, Hitler annexe l'Autriche en 1938. Ce qui, là encore, ne rencontre que la passivité des démocraties, dont la France, qui regardent ailleurs.

LA NUIT DE CRISTAL

Ce joli nom désigne en fait une vaste opération terroriste organisée par l'Allemagne nazie, dans la nuit du 9 au 10 novembre 1938 : les juifs sont molestés, blessés, déportés voire tués, leur biens confisqués ou détruits (le terme « cristal » fait allusion aux vitrines des magasins pillés). Cette opération est le prélude au génocide perpétré plus tard dans les camps d'extermination.

À Munich : la lâcheté des démocraties

Le chef du gouvernement Édouard Daladier, au nom de la France, ainsi que le Royaume-Uni signent les accords de Munich, le 29 septembre 1938. Ceux-ci entérinent l'annexion forcée par l'Allemagne nazie d'une région de Tchécoslovaquie peuplée d'Allemands, les Sudètes. Ces démocraties espèrent qu'ainsi satisfait, Hitler se calmera et ne déclenchera pas de guerre en Europe. Pusillanime et à très courte vue, cette attitude renforce le gouvernement nazi.

D'ailleurs, sûr de lui, l'année suivante, celui-ci :

— s'empare de ce qui reste de la Tchécoslovaquie,

— conclut un traité d'assistance militaire avec l'Italie : le pacte d'acier (le Japon, lui aussi en proie à une dérive militariste et impérialiste, les rejoindra en 1940),

— signe un pacte de non-agression avec l'Union des républiques socialistes soviétiques (URSS).

La « drôle de guerre »

Déclaration de guerre de la France

Le 1er septembre 1939, Hitler envahit la Pologne. Le 3, la France et le Royaume-Uni décident enfin d'utiliser un langage de fermeté et déclarent la guerre à l'Allemagne nazie. La France adopte une stratégie défensive et son armée se retranche derrière une ligne de fortifications courant tout au long de la frontière Est, la ligne Maginot.

LA LIGNE MAGINOT

Elle s'appelait ainsi parce que :
— elle partait d'un village nommé Maginot-sur-le-Rhin ?
— elle avait été construite par l'entreprise de la famille Maginotti, d'origine italienne ?
— le premier soldat tombé en la défendant s'appelait Raoul Maginot ?
En fait, elle portait le nom du ministre de la Guerre à l'origine de sa construction.

Une fois la Pologne conquise (en quelques jours), Hitler ramène ses troupes à l'ouest. Dans un premier temps, Allemands et Français demeurent sur leurs positions, sans tenter d'opérations de grande envergure. C'est la « drôle de guerre ».

Édouard Daladier est remplacé par Paul Reynaud. Aux côtés des Britanniques, la France mène une opération militaire de diversion à Narvik, en Norvège. En dépit de déclarations ronflantes (« La route du fer est coupée »), l'expédition échoue lamentablement (avril-mai 1940).

Déroute, panique, exode

Le 10 mai 1940, l'armée de l'Allemagne nazie passe à l'attaque. Quoique neutre, la Belgique est envahie, les Pays-Bas aussi. Soutenus par l'aviation, les blindés d'Hitler culbutent facilement les défenses françaises dans les Ardennes en contournant la ligne Maginot (percée de Sedan).

Une contre-offensive échoue, les Allemands progressent simultanément dans plusieurs régions (début juin). Le corps expéditionnaire britannique et des lambeaux de l'armée française fuient en s'embarquant à Dunkerque.

À partir du 10 juin, effarés par l'effondrement militaire de la France, paniqués, huit millions de civils du nord du pays s'enfuient vers le sud. C'est l'exode. Le gouvernement quitte Paris et se replie à Tours puis à Bordeaux dans une atmosphère de débandade. L'avance allemande se poursuit. Deux millions de militaires français sont faits prisonniers. L'armée allemande entre dans Paris le 14 juin et poursuit sa route vers le Sud.

Un homme résiste : de Gaulle

La France est en état de choc. Le gouvernement est profondément divisé. Certains de ses membres veulent poursuivre la guerre et installer le gouvernement en Afrique du Nord (comme P. Reynaud ou le général Charles de Gaulle, entré au gouvernement le 6 juin). D'autres jugent la situation désespérée et veulent mettre un terme aux combats (comme le maréchal Philippe Pétain, héros de la Première Guerre mondiale).

Le 16 juin, Albert Lebrun, président de la République, demande au maréchal Pétain de constituer un nouveau gouvernement. Le lendemain, celui-ci appelle à cesser le combat. Le même jour, Charles de Gaulle se réfugie à Londres où, le 18, il lance un fameux appel à la résistance :

> « Moi, général de Gaulle, actuellement à Londres, j'invite les officiers et les soldats français qui se trouvent en territoire britannique ou qui viendraient à s'y trouver, avec leurs armes ou sans leurs armes, j'invite les ingénieurs et les ouvriers spécialistes des industries d'armement qui se trouvent en territoire britannique ou qui viendraient à s'y trouver, à se mettre en rapport avec moi. »

De son côté, le 22 juin, le maréchal Pétain signe un armistice selon les conditions allemandes. La France est démembrée en plusieurs zones. Parmi celles-ci :

— l'Alsace-Lorraine est purement et simplement annexée par l'Allemagne nazie,

— le nord de la France est placé de fait sous l'autorité allemande ; c'est la zone dite « occupée »,

— séparée de celle-ci par la ligne de démarcation, le sud demeure sous administration française ; c'est la zone dite « libre ».

Alliée de l'Allemagne, l'Italie obtient quelques territoires à la frontière sud-est, bien qu'elle n'ait pas su remporter de succès militaires.

De surcroît, la France doit réduire son armée, désarmer sa flotte, entretenir les troupes d'occupation. Les deux millions de soldats capturés restent prisonniers en Allemagne. Berlin obtient également que lui soient livrés tous les Allemands, notamment les juifs, qui s'étaient réfugiés sur le sol français après l'arrivée de Hitler au pouvoir, en 1933.

L'État français

Le 10 juillet 1940, le nouveau gouvernement demande au Parlement réuni à Vichy de donner les pleins pouvoirs au maréchal Pétain pour élaborer de nouvelles institutions.

VICHY

Non, paresseuses, l'expression « régime de Vichy » ne renvoie à aucune cure à base d'eau minérale ou aux robes de Brigitte Bardot mais au gouvernement qui a dirigé la France pendant la guerre. Pourquoi ses dirigeants ont-ils choisi la ville de Vichy ? Parce que les nombreux hôtels de cette cité thermale permettaient d'y installer les ministères et autres services de l'État.

Mort des institutions républicaines

Ce même jour, par 569 voix contre seulement 80 et 17 abstentions, les parlementaires votent la suspension des lois constitutionnelles de 1875. Ils donnent « tous pouvoirs au gouvernement de la République, sous l'autorité et la signature du maréchal Pétain, à l'effet de promulguer (...) une nouvelle Constitution de l'État français ». La IIIe République est morte. Un nouveau régime politique va naître, l'État français, reconnu par la plupart des autres pays.

Promu chef de l'État, le maréchal Pétain et beaucoup d'hommes politiques de droite, comme Pierre Laval, estiment que la IIIe République, responsable de la défaite, doit être jetée à bas. Ils mettent plus particulièrement en accusation l'action, qu'ils jugent néfaste, du Front populaire, le principe du système parlementaire et un supposé déclin de l'ordre moral. Ils entendent mener une « révolution nationale » en mettant sur pied un État autoritaire, très conservateur, corporatiste et nationaliste. La devise du nouveau régime est : « Travail, Famille, Patrie ».

De nombreux fonctionnaires nommés sous la IIIe République sont révoqués. Des hommes politiques (Léon Blum, Édouard Daladier) sont jugés lors du procès de Riom. Les syndicats sont supprimés et remplacés par des corporations qui ont pour but de juguler les tensions sociales. La grève est interdite. L'enseignement est complètement remodelé et la famille mise en avant (par exemple avec l'instauration de la fête des mères). La presse est étroitement contrôlée.

LE MARÉCHAL PÉTAIN

Il fait l'objet d'un véritable culte. Son effigie est largement diffusée, son buste dupliqué. Les écoliers chantent un hymne à sa gloire : « Maréchal, nous voilà ». En fait, dans une France apeurée, profondément déstabilisée par une défaite brutale, Pétain sert de père et de grand-père de substitution...

Mise en place de la Collaboration

Le 24 octobre 1940, sous l'impulsion de Pierre Laval devenu chef du gouvernement, le maréchal Pétain rencontre Hitler à Montoire-sur-le-Loir, non loin de la ligne de démarcation. C'est le début d'une politique qui met en place une collaboration avec l'Allemagne nazie.

Persécutions antisémites

Dans cette logique, plusieurs textes racistes sont mis en œuvre, dont une loi d'octobre 1940. Celle-ci interdit aux juifs l'accès à certaines professions, notamment des emplois publics. En juin 1941, le régime de Vichy aggravera la législation anti-juive en prévoyant notamment que « les ressortissants étrangers de race juive [...] pourront être internés dans des camps spéciaux ». En juin 1942, le port de l'étoile jaune deviendra obligatoire.

INTERDIT AUX JUIFS

Enseignant, fonctionnaire de police ou du ministère des Affaires étrangères, rédacteur de journaux, compositeur de scénarios, gérant de salle de cinéma, etc. : ce sont quelques-unes des professions interdites aux juifs selon les termes de la loi d'octobre 1940. Celle-ci précise par ailleurs que : « Est regardée comme juif toute personne issue de trois grands-parents de race juive, ou de deux grands-parents de la même race, si son conjoint lui-même est juif »...

Le Vél d'Hiv

Ces discriminations conduisent le régime à participer à la mise en œuvre de la « Solution finale » décidée par Berlin (l'assassinat systématisé de tous les juifs d'Europe, plusieurs millions de personnes). Les 16 et 17 juillet 1942, lors de la rafle du Vél d'Hiv (le Vélodrome d'hiver, qui se trouvait dans le XVe arrondissement de Paris), la police française arrête plus de 12 000 juifs, dont environ 4 000 enfants. Tous seront déportés et assassinés dans les camps d'extermination. Au total, environ 76 000 juifs parmi les 300 000 vivant en France sont convoyés en Allemagne (environ 2 500 d'entre eux échapperont à la tuerie programmée).

LA DÉPORTATION À L'INITIATIVE FRANÇAISE

N'oubliez pas que c'est Pierre Laval qui, début juillet 1942, a pris l'initiative de déporter avec leurs parents les enfants juifs de moins de 16 ans...

Travailleurs forcés

Renvoyé par le maréchal Pétain en décembre 1940, Pierre Laval revient au pouvoir en avril 1942 à la demande des Allemands. Il met en place le système du Service du travail obligatoire (STO) qui envoie quelque 700 000 Français travailler en Allemagne en échange de prisonniers de guerre. En janvier 1943, il crée la Milice, une police politique chargée de traquer les juifs et les opposants au régime.

L'Occupation

Face à la pénurie...

Que ce soit en zone libre ou en zone occupée, les conditions de vie de la population sont très dures. Le vin et le savon deviennent rares. Les Français ont froid et ont faim. Dès le début de la guerre, de très nombreux produits ont été rationnés (comme le pain, le sucre, les pâtes, les produits laitiers ou le café) car la France doit approvisionner l'Allemagne en produits agricoles (et en articles de mode !).

... rutabaga et semelles de bois

Les Français recourent au système D. Le topinambour et le rutabaga remplacent les légumes habituels. Le cuir manque pour fabriquer les chaussures ? On utilise des semelles de bois. Plus d'essence ? Les Français ressortent les vélos. L'administration émet des tickets de rationnement (établis en fonction des besoins supposés de chacun : enfant, adulte, travailleur de force, etc.). De longues files d'attente se forment devant les boutiques. Des trafiquants peu scrupuleux tirent partie de ces pénuries en organisant un marché noir.

Les Parisiens se réfugient dans les couloirs du métro ou les caves des immeubles en cas d'alerte aérienne. Perquisitions, arrestations de juifs ou de résistants sont fréquentes. Sur cette période, paresseuses, il y a de nombreux films. Par exemple *Le Dernier Métro*, de François Truffaut.

La Résistance

Dès le début de l'Occupation, se met peu à peu en place un mouvement de résistance.

Dans un premier temps, les résistants de l'extérieur s'organisent autour de deux pôles. L'un est situé à Londres, autour du général de Gaulle. L'autre s'organise à Alger. En novembre 1943, de Gaulle devient le chef unique du Comité français de libération nationale (CFLN), après que beaucoup de territoires d'outre-mer se sont ralliés à lui à partir de 1940.

En métropole, des réseaux clandestins se constituent (comme Combat, Franc-Tireur ou Libération). Des maquis s'organisent. Leurs membres perpètrent des attentats contre les occupants et organisent des actions de sabotage, rassemblent des renseignements, diffusent des journaux clandestins (*L'Homme libre*). Plusieurs milliers de ces résistants sont torturés, déportés ou tués.

Mandaté par Charles de Gaulle, le préfet Jean Moulin réussit à unifier les mouvements de résistance sur le sol français. Trahi, il est arrêté près de Lyon et tué par les Allemands. En mai 1943, un Conseil national de la Résistance exerce son autorité sur tous les réseaux, notamment les Forces française de l'intérieur (FFI).

ARCHIVES

Vous aimez les cérémonies solennelles, impressionnantes et tristes ? Regardez donc les archives télévisées du 19 décembre 1964. Ce jour-là, l'écrivain et ministre de la Culture André Malraux prononça un discours inspiré pour accueillir les cendres de Jean Moulin au Panthéon.

Les Alliés à la rescousse

En juin 1940, le Royaume-Uni se retrouve seul face à l'Allemagne nazie qui l'attaque par les airs mais ne peut en venir à bout (lors de la bataille d'Angleterre). Mais en 1941, après que le Japon a bombardé leur base navale de Pearl Harbour, dans le Pacifique, les États-Unis entrent à leur tour en guerre contre Hitler (la même année, celui-ci a envahi l'URSS après avoir rompu le pacte germano-soviétique). Dès lors, l'équilibre des forces va évoluer au détriment du régime nazi et de ses alliés.

Le 8 novembre 1942, les Anglo-Américains débarquent en Afrique du Nord où les allemands avaient ouvert un front (des troupes françaises libres participent aux combats). En représailles, les Allemands envahissent la zone libre, achevant ainsi l'occupation de la France (11 novembre). Ce qui réduit d'autant la faible marge de manœuvre dont disposait jusque-là le gouvernement de Vichy.

Le Débarquement et la Libération

Le jour le plus long de Darryl F. Zanuck, *Il faut sauver le soldat Ryan* de Steven Spielberg, ça vous dit quelque chose ?

Le 6 juin 1944, les Alliés déclenchent l'opération Overlord. C'est le Débarquement de Normandie. Protégés par l'aviation, des soldats américains, britanniques, canadiens sont transportés par bateaux jusque sur les plages de Normandie. Un million d'hommes au total. Le 15 août, un second débarquement a lieu en Provence. Des militaires français ralliés au général de Gaulle participent à l'une et l'autre des deux opérations.

SUR LES PLAGES DE NORMANDIE

Pourquoi ne pas aller sur les plages du Débarquement où des restes de blockhaus témoignent des combats passés ? À quelques kilomètres de là, visitez le Mémorial de Caen, consacré à l'histoire du xxe siècle, notamment aux guerres.

Fin de la guerre en France...

Durant l'été 1944, le territoire français est peu à peu reconquis. Les Allemands se replient et commettent parfois des atrocités (comme le massacre d'Oradour-sur-Glane). Le 19 août, Paris se soulève avant même qu'arrivent les blindés du général Leclerc, rallié à de Gaulle dès juillet 1940. Le 25 août, ce dernier fait son entrée à Paris et installe le Gouvernement provisoire de la République française (GPRF).

En octobre, ce gouvernement est reconnu par les États-Unis, l'URSS et le Royaume-Uni, ce qui permettra à la France d'obtenir, plus tard, un siège de membre permanent au Conseil de sécurité de la future Organisation des Nations unies, et une zone d'occupation dans l'Allemagne libérée du nazisme.

LA LIBÉRATION

« Paris ! Paris outragé ! Paris brisé ! Paris martyrisé ! Mais Paris libéré ! Libéré par lui-même, libéré par son peuple avec le concours des armées de la France, avec le concours et l'appui de la France tout entière... (extraits du fameux discours prononcé par le général de Gaulle le 25 août 1944 à l'Hôtel de ville).

Le 12 septembre, les troupes alliées débarquées en Normandie et en Provence réalisent leur jonction. À la fin de l'année, l'essentiel du territoire français est libéré (au total, 600 000 civils sont morts en France depuis

1939) Mais les dernières troupes allemandes luttent jusqu'à ce que leur pays capitule, le 8 mai 1945.

… et en Asie

La guerre se poursuit quelque temps en Asie. Le Japon ne capitule qu'après que l'aviation américaine a lâché des bombes nucléaires (les premières et les seules – jusqu'à présent) au-dessus des villes d'Hiroshima et de Nagasaki (respectivement les 6 et 9 août 1945).

L'épuration

Dès la fin août 1944, Charles de Gaulle nomme des commissaires de la République qui, dans les régions, sont chargés de rétablir l'autorité de l'administration.

Des femmes à qui l'on reproche d'avoir aimé des Allemands sont humiliées, tondues en public. Plusieurs dizaines de milliers de collaborateurs sont fusillés. D'autres bénéficient de vrais procès. C'est l'épuration. Emmené par les nazis en Allemagne avant de se rendre aux nouvelles autorités françaises, le maréchal Pétain est condamné à mort. Mais il est gracié par le général de Gaulle. Au terme d'un procès dont le déroulement peut être critiqué, Pierre Laval est exécuté après qu'il a tenté de se suicider.

15 DATES ESSENTIELLES À RETENIR SI VOUS AVEZ ÉTÉ TROP PARESSEUSE POUR LIRE LE CHAPITRE 7

1. 28 janvier 1871

Conclusion d'un armistice entre la France (vaincue) et la Prusse.

2. 21 mai 1871

Envoyée par Thiers pour mater la révolte de la Commune, l'armée des « versaillais » pénètre dans Paris dont elle va s'emparer quartier après quartier.

3. 1875

Un amendement proposé par le député Wallon confirme la nature républicaine du régime de la IIIe République

4. 1905

Vote d'une loi instaurant une séparation entre les Églises et l'État.

5. 28 juin 1914

L'assassinat, à Sarajevo, d'un archiduc d'Autriche va entraîner les États européens dans la Première Guerre mondiale.

6. 6 au 13 septembre 1914

La bataille de la Marne voit deux millions de soldats français et allemands s'affronter. Les seconds finissent par reculer.

7. Février 1916-février 1917

Se déroulant dans des tranchées où les conditions de vie sont épouvantables, la bataille de Verdun cause la mort de centaines de milliers de soldats.

8. 11 novembre 1918

La signature d'un armistice à Rethondes, près de Compiègne, clôt la Première Guerre mondiale.

9. Le 6 février 1934

Une manifestation d'extrême droite dégénère aux abords du Palais Bourbon. Les forces de l'ordre tirent. Il y a plusieurs morts et des centaines de blessés.

10. 26 avril-3 mai 1936

Victoire de la gauche aux législatives (le Front populaire va doter la France d'un ensemble de lois sociales très progressistes).

11. 3 septembre 1939

La France et le Royaume-Uni déclarent la guerre à l'Allemagne nazie après que celle-ci a envahi la Pologne. C'est le début de la Seconde Guerre mondiale.

12. 18 juin 1940

Alors que, le 17 juin, le maréchal Pétain a appelé à cesser le combat contre l'Allemagne nazie, le général de Gaulle, réfugié à Londres, appelle à résister.

13. 16 et 17 juillet 1942

Lors de la rafle du Vél d'Hiv, à la demande des nazis, la police française arrête plus de 12 000 juifs, dont environ 4 000 enfants. Ils seront déportés et assassinés dans les camps d'extermination.

14. 11 novembre 1942

Après le débarquement allié en Afrique du Nord, l'Allemagne nazie s'empare de la zone libre et occupe ainsi la totalité de la France.

15. 6 juin 1944

Lors de l'opération Overlord, les Alliés débarquent sur les plages de Normandie (l'Allemagne nazie capitulera le 8 mai 1945).

chapitre 8

Comment tout savoir sur la France, de l'après-guerre à aujourd'hui

La IVe République : un coup d'essai ?

Enfin, on vote. Même les femmes ! La guerre est finie. Reste à doter la France d'institutions démocratiques. Les Français sont appelés à se prononcer à plusieurs reprises :

— dès avril 1945, les électeurs élisent les conseils municipaux ; ce vote est d'autant plus important que, paresseuses, lisez bien !, c'est la première fois, en France, que les femmes votent,

— le 21 octobre 1945, lors d'un référendum, les Français – et donc désormais les Françaises ! – refusent de rétablir les institutions de la IIIe République (par 96 % des suffrages). Ils se prononcent (à 66 %) pour la mise en place d'une Assemblée constituante et en élisent les membres le même jour,

— le 13 novembre 1945, le général de Gaulle est élu président du GPRF (voir p. 191) par l'Assemblée constituante. Mais il démissionne en janvier 1946, mécontent de l'évolution de la vie politique qui, selon lui, donne trop d'importance aux partis au détriment de l'exécutif et rappelle ainsi le fonctionnement de la IIIe République, disparue dans le déshonneur,

— le 13 octobre 1946, les Français approuvent lors d'un nouveau référendum une nouvelle Constitution. C'est la naissance de la IVe République.

L'ORDONNANCE DU 21 AVRIL 1944

Elle déclare que : « les femmes sont électrices et éligibles dans les mêmes conditions que les hommes ». Il était temps : les Norvégiennes votaient depuis 1913, les Britanniques depuis 1918 et les Turques depuis 1930...

Un nouveau gouvernement, sur fond de Guerre froide...

Élu par le Parlement (comme sous la IIIe République), le nouveau président est un socialiste, Vincent Auriol. Trois forces politiques sont d'une importance comparables : les communistes, les socialistes et les démocrates-chrétiens. Mais le 5 mai 1947, les ministres communistes quittent le gouvernement auquel ils avaient accepté de participer.

Le monde vient en effet de connaître un reclassement majeur. Les vainqueurs de 1945 sont devenus des adversaires, sinon des ennemis : d'un côté les Occidentaux (« le monde libre »), menés par les États-Unis avec notamment le Royaume-Uni et la France à leurs côtés. De l'autre, le bloc communiste, dirigé par l'URSS, et que la Chine ne va pas tarder à rejoindre. C'est le début de la « Guerre froide », qui va durer plus de quarante ans.

GUERRE FROIDE

Cette expression désigne le face à face belliqueux qui a opposé les États-Unis à l'URSS entre la fin de la Seconde Guerre mondiale et la dislocation du bloc communiste en 1991. Le terme « froide » indique que ces deux États ne se sont jamais opposés directement mais se sont affrontés en sous-main, en soutenant d'autres pays, qui eux, se sont combattus par les armes (en Afrique, en Asie, etc.).

... mais qui s'attache à la reconstruction

Bien sûr, les libertés supprimées par le régime de Vichy sont rétablies. Par ailleurs, très vite, le gouvernement met en œuvre, dans ses grandes lignes, le programme élaboré pendant l'Occupation par le Conseil national de la Résistance (CNR). Par exemple :

— la Sécurité sociale est instituée par une ordonnance du 4 octobre 1945,

— de nombreuses entreprises sont nationalisées : Renault (en mesure de représailles, car ce constructeur automobile a collaboré avec les Allemands), les secteurs du gaz et de l'électricité, de grandes banques, les assurances et les mines de charbon, les transports aériens.

L'économie se remet en marche, notamment grâce à l'aide apportée à l'Europe par les États-Unis (le plan Marshall). La société évolue. De nombreux Français quittent les campagnes et s'installent dans la région parisienne. Le niveau de vie de la population s'accroît et s'américanise quelque peu : la France découvre les bas en nylon, les films de Hollywood, le rock, les chewing-gums, etc.

Début des Trente Glorieuses

C'est le début d'une période d'expansion, les « Trente Glorieuses », notamment marquée par le plein-emploi, qui s'achèvera au début des années 1970. Grâce au baby-boom, la population augmente. Parmi les principaux ministre, Antoine Pinay, début 1953, indexe les salaires sur le coût de la vie et vient à bout d'une inflation tenace. En 1956, les salariés obtiennent une troisième semaine de congés payés.

LE BABY-BOOM

Non, le terme de baby-boom ne renvoie pas à un concours de saut organisé pour les bébés, mais au phénomène démographique marqué par un taux de natalité soutenu, de l'après-guerre jusqu'à la fin des années 1960.

Dès 1951, la France signe avec l'Allemagne, la Belgique, l'Italie, le Luxembourg et les Pays-Bas un accord qui crée la Communauté européenne du charbon et de l'acier (CECA), sorte d'esquisse de la future Union européenne.

Décoloniser : pas facile

La Seconde Guerre mondiale a affaibli les puissances coloniales, porté un coup décisif au prestige que celles-ci exerçaient en Afrique, en Asie, etc. De plus, à l'instigation des États-Unis, a été remis en avant le principe des droits des peuples à disposer d'eux-mêmes.

Bref, dès sa mise en place, la IVe République se heurte à la volonté des peuples colonisés, qui veulent s'affranchir de la tutelle de la métropole. L'Afrique subsaharienne demeure relativement calme. Il n'en va pas de même pour d'autres territoires.

En Indochine

En septembre 1945, Ho Chi Minh, chef du Vietminh, une organisation politico-militaire, nationaliste et communiste, proclame l'indépendance du Viêt-nam. Quelques semaines plus tard, le gouvernement français envoie un corps expéditionnaire pour reprendre le contrôle de ce territoire. La guerre d'Indochine commence.

Des négociations se déroulent parallèlement aux combats, mais la stratégie de Paris est peu claire. Les militaires français connaissent d'importants revers. Ils sont battus à plate couture par le Vietminh lors de la bataille de Dien Bien Phu (novembre 1953-juillet 1954). Dès lors, Paris n'a plus de marge de manœuvre pour négocier. Le 21 juillet 1954, les accords de Genève sont signés par le gouvernement du socialiste Pierre Mendès France. La France se retire définitivement de la région (les touristes y retourneront nombreux quelques décennies plus tard...).

BÉATRICE, GABRIELLE, DOMINIQUE, CLAUDINE, HUGUETTE, ÉLIANE

Ces doux noms féminins avaient été donnés par les militaires français aux collines qui, autour du site en forme de cuvette de Dien Bien Phu, leur servaient de points d'appui.

Au Maghreb

De leur côté, à l'issue de violences, le Maroc et la Tunisie obtiennent leur indépendance en 1956.

L'Algérie elle aussi, réclame son indépendance. Le 1er novembre 1954, le Front de libération nationale (FLN) déclenche les hostilités. C'est la « Toussaint rouge ». À partir de cette date, les violences se succèdent. En 1956, le gouvernement (alors socialiste) décide d'utiliser la lutte armée. Les soldats du contingent sont envoyés par-delà la Méditerranée pour rétablir l'ordre. D'abord, la population de la métropole est en faveur de l'« Algérie française ». Mais au fil du temps, l'opinion évolue. Le problème de l'avenir de l'Algérie est rendu particulièrement épineux par la présence sur son sol d'environ un million d'Européens (sur une population de 9 millions d'habitants au total).

PIEDS-NOIRS

Certes, ce nom est celui d'un ancien peuple indien d'Amérique du Nord. Mais c'est aussi le surnom donné aux Européens d'Afrique du Nord (peut-être en raison de la couleur que le raisin foulé laissait sur les pieds des premiers colons lors des vendanges ; à moins que ce ne soit une allusion à la couleur des chaussures des soldats du XIXe siècle).

Une République chasse l'autre

La IVe République, qui a donc réussi à survivre à la guerre d'Indochine, échoue en revanche à régler le problème algérien, parce que les usages politiques ont renoué avec la pratique de la IIIe République, comme l'avait prévu le général de Gaulle : à l'Assemblée nationale, les partis font et défont les gouvernements qui se succèdent, incapables de mettre en œuvre une politique durable, la durée de vie d'un ministère est alors de six mois et demi.

L'opinion publique critique l'action des pouvoirs publics, se détourne d'eux. En témoigne le succès que rencontre, en 1955-1956, un mouvement de protestation, très corporatiste, émanant des petits commerçants.

La crise du 13 mai 1958...

Les événements se précipitent en 1958, à la suite d'une nouvelle crise survenue en Algérie. Le 13 mai, à Alger, une manifestation en faveur de l'Algérie française tourne à l'émeute. La foule s'empare du bâtiment du Gouvernement général, un Comité de salut public est créé, mêlant civils et militaires. L'ampleur de la contestation est telle que le régime de la IVe République se lézarde en quelques jours.

En France, on craint une intervention des parachutistes. De nombreux Français se tournent vers le général de Gaulle. Son retour aux affaires publiques apparaît comme le seul recours possible pour éviter une guerre civile. Le général de Gaulle sait tirer parti de cette crise. Le 15 mai, il déclare être prêt à « assumer les pouvoirs de la République ».

… ramène le général de Gaulle au pouvoir

La gauche demande que soit respectée la légalité républicaine. Mais le gouvernement démissionne. Le 29 mai, de Gaulle reçoit du président de la République, René Coty, la tâche de former un nouveau gouvernement. Le 2 juin, il obtient les pouvoirs nécessaires pour mettre en œuvre une réforme des institutions. La IVe République n'a plus que quelques semaines à vivre…

Le gaullisme triomphant

De Gaulle, président

Le général de Gaulle veut, enfin, doter la France d'institutions qui permettent au gouvernement de ne pas dépendre du Parlement. Un projet de Constitution prenant en compte cette idée est rédigée par Michel Debré. Les Français l'approuvent lors du référendum du 28 septembre 1958 par 79,26 % des suffrages (des personnalités comme Pierre Mendès France ou François Mitterrand, ministre de la IVe République, ainsi que le Parti communiste, ont appelé à voter contre le texte).

Modernisation ou « coup d'État » ?

Selon les nouvelles institutions, le président de la République dispose de pouvoirs très importants (plus importants, même, toutes proportions gardées, que le président des États-Unis !). Il désigne librement le Premier ministre (qui doit cependant recevoir le soutien de l'Assemblée nationale). Il préside le Conseil des ministres, promulgue les lois, signe les ordonnances et les décrets. Il a la faculté de dissoudre l'Assemblée nationale. En cas de crise grave, il peut exercer les pleins pouvoirs.

En contrepartie, les prérogatives du Parlement, composée de l'Assemblée nationale et du Sénat, sont très réduites.

LE POUVOIR DU CHEF D'ÉTAT

Les institutions de la Ve République donnent un tel pouvoir à l'exécutif que de nombreux hommes politiques opposés à de Gaulle s'en émeuvent. Parmi eux, François Mitterrand, qui écrit *Le Coup d'État permanent*, un ouvrage dont le titre exprime toutes les critiques de l'auteur contre la nature du régime...

À l'automne 1958, les gaullistes gagnent les législatives. En décembre, un collège de grands électeurs élisent tout naturellement le général de Gaulle à la présidence de la République. Ce dernier confie le poste de Premier ministre à M. Debré.

LES « GRANDS ÉLECTEURS » ?

Non, ce terme ne se rapporte pas à la taille de ces derniers (députés, sénateurs, élus locaux). Cela signifie simplement que ceux-ci, élus par les Français, ont seuls la capacité d'élire à leur tour le chef de l'État. Ce suffrage universel indirect était en vigueur depuis la IIIe République.

Le tournant de 1962

Mais le général de Gaulle veut accroître sa légitimité et son autorité en dépendant directement des électeurs. Le 22 août 1962, il échappe de peu à l'attentat du Petit Clamart, organisé par des partisans de l'Algérie française. L'émotion est grande. Le général en profite pour présenter une réforme capitale : il propose que le chef de l'État soit désormais élu par les Français au suffrage universel direct. La grande majorité des parlementaires protestent : ils vont perdre un pouvoir important ! Mais lors du référendum du 28 octobre 1962, les Français approuvent ce projet.

Une diplomatie tous azimuts

Suite et fin de la guerre d'Algérie

Dès 1960, les territoires subsahariens qui dépendaient de la France sont devenus indépendants (ils n'ont pas voulu rester au sein de la Communauté que la Constitution de 1958 avait créée pour maintenir un lien entre la France et ses anciennes colonies).

Quant à l'Algérie, la situation ne cesse de s'y détériorer. La gauche organise des manifestations en faveur de la paix. De leur côté, les partisans de l'Algérie française créent une structure clandestine, l'Organisation armée secrète (OAS). Elle commet des attentats qui se conjuguent avec ceux du FLN pour faire régner un climat de terreur.

Une tentative de putsch militaire a lieu à Alger le 22 avril 1961, dans l'intention de maintenir la présence française dans ce pays. Mais les quatre généraux qui en sont responsables ne réussissent pas à entraîner l'armée. La rébellion est vite endiguée.

« UN QUARTERON DE GÉNÉRAUX FÉLONS »

C'est ainsi que le général de Gaulle qualifie non sans mépris les quatre généraux putschistes de 1962. En fait, dans le feu de l'action, il s'est un peu trompé : quarteron veut dire vingt-cinq, pas quatre.

Les négociations engagées entre le gouvernement et le FLN en 1960 traînent en longueur. La manifestation du 17 octobre 1961 est suivie de la mort de dizaines d'Algériens, à Paris. Un autre drame survient le 8 février

1962. Lors d'une manifestation pacifiste et anti-OAS, huit personnes sont tuées à la station de métro Charonne (une 9e autre mourra peu après).

Enfin, le 18 mars 1962, les accords d'Évian accordent l'indépendance à l'Algérie (ils sont massivement approuvés par les Français en avril). La très grande majorité des pieds-noirs préfèrent quitter leur terre natale pour s'installer en métropole (que, pour beaucoup, ils ne connaissaient pas), surtout dans le Midi, ou en Corse.

S'écarter des États-Unis, mais pas trop

Par ailleurs, le général de Gaulle désire mener une politique étrangère ambitieuse. Il veut relever le prestige de la France, mise à mal par la défaite de 1940 et l'institution du régime de Vichy ainsi que par une décolonisation parfois laborieuse. Pour mieux se faire entendre, il affirme que la France doit être indépendante par rapport aux deux blocs, constitués autour de l'URSS à l'est et des États-Unis à l'ouest.

En 1966, dans cette perspective, il quitte le commandement intégré de l'Organisation du traité de l'Atlantique Nord (OTAN), mise en place pour contrer l'URSS. Pourtant, la France n'en demeure pas moins un des principaux piliers du bloc occidental et apporte son soutien à Washington en cas de crise grave. Pour l'essentiel, cette diplomatie sera celle de la France jusqu'à la chute du mur de Berlin, en 1989.

Réconciliation historique avec l'Allemagne

Surtout, soucieux de contribuer à assurer la paix en Europe, il décide, en étroite collaboration avec le chancelier Konrad Adenaueur, de favoriser la réconciliation entre la France et l'Allemagne. Le 22 janvier 1963, la signature du traité de l'Élysée illustre cette volonté. Dès lors, le couple franco-allemand constitue le moteur de l'Europe communautaire en construction (celle-ci a vu le jour en 1958, à la suite du traité de Rome signé l'année précédente).

RÉÉLU MAIS PAS DU PREMIER COUP

Charles de Gaulle est réélu à la présidence de la République lors de l'élection de 1965 (avec 55,2 % des suffrages). Mais au premier tour, il a eu la désagréable surprise d'être mis en ballottage par le candidat de la gauche, François Mitterrand.

Par ailleurs, le général de Gaulle accélère le programme nucléaire de la France pour que celle-ci puisse peser sur les grands équilibres stratégiques. Il voyage fréquemment à l'étranger (Amérique latine, Cambodge, Canada, Europe de l'Est) notamment pour inciter les dirigeants politiques à faire preuve d'indépendance vis-à-vis de Washington.

Le chef de l'État définit une « politique arabe de la France » et, par ailleurs, prend ses distances avec l'État d'Israël. Il reconnaît la Chine communiste en 1964.

Contestation, déstabilisation, démission

Le chef de l'État ne perçoit cependant pas les évolutions qui, en souterrain, travaillent la société française. Un mouvement étudiant va être le révélateur de ces changements et de ce malentendu.

D'un mouvement d'étudiants contestataire...

Alors qu'un mouvement contestataire étudiant se développe non seulement en France mais dans d'autres pays comme les États-Unis, le 2 mai, les autorités ferment l'université de Nanterre, nouvelle faculté construite dans la banlieue de la capitale. Souvent acquis à des idées d'extrême gauche, des étudiants, dont Daniel Cohn-Bendit, organisent alors un meeting à la Sorbonne, à Paris. Celle-ci est à son tour fermée le 3 mai. La majorité des autres universités se mettent en grève et sont le lieu de débats animés et intenses.

Une contestation prend forme, qui va s'étendre à d'autres classes sociales et ébranler la France, son régime politique, ses valeurs. La société de consommation est critiquée, rejetée. De même que l'autorité, les rigidités, les pesanteurs et les injustices du système social. De nombreuses libertés sont revendiquées, notamment sexuelles, les prises de parole se multiplient. Les jours suivants, les manifestations étudiantes se succèdent, notamment au Quartier latin.

LE QUARTIER LATIN EST AINSI NOMMÉ PARCE QUE :

— **il compte un grand nombre de restaurants italiens ?**
— **les plaques indiquant le nom des rues datent de la période gallo-romaine ?**
— **il abrite une importante proportion d'émigrés venus jadis d'Italie centrale ?**

En fait, seul le latin était employé dans les cours qui y étaient dispensés pendant le Moyen Âge.

Le 10 mai, à la suite d'une intervention brutale des forces de l'ordre, Paris se couvre de barricades. Les salariés se joignent aux étudiants. Un seul mot d'ordre : « Dix ans, ça suffit ! » (une allusion au temps écoulé depuis que le général de Gaulle a été élu pour la première fois à la présidence de la République, en 1958).

… à une crise politique et sociale majeure

Le lendemain, les responsables politiques et syndicaux prennent la mesure de la crise. Celle-ci entre alors dans une seconde phase, sociale. Le 13 mai, un arrêt de travail connaît un formidable succès dans tout le pays. À Paris, un million de personnes manifestent. Le 15 mai, quelque neuf millions de salariés sont en grève, dans tous les secteurs d'activité. La France est paralysée. Des intellectuels comme le philosophe Jean-Paul Sartre soutiennent le mouvement.

PAROLES DE 68

Mai 1968 voit une floraison de mots d'ordre à la fois contestataires, utopiques, parfois poétiques, voire naïfs : « Il est interdit d'interdire ! », « Sous les pavés, la plage ! », « Soyez réalistes, demandez l'impossible ! », « Cours camarade, le vieux monde est derrière toi », etc.

Le 24 mai, Charles de Gaulle lance un appel à la « rénovation universitaire, sociale et économique », qui n'est suivi d'aucun effet, si ce n'est de nouvelles manifestations Les 25 et 26 mai, le Premier ministre Georges Pompidou organise des discussions avec les syndicats et le patronat. Les accords de Grenelle instituent d'importantes augmentations de salaire, la reconnaissance du droit syndical dans l'entreprise et une réduction de la durée du travail. Mais les grèves se poursuivent.

DISPARITION DU 29 MAI

Le 29 mai, le général disparaît durant plusieurs heures. Plus tard, on apprendra qu'il s'est rendu en hélicoptère à Baden-Baden, en Allemagne, et s'y est entretenu avec le général Massu, peut-être en s'interrogeant sur son éventuel retrait de la vie politique.

Le 30 mai, le général de Gaulle annonce la dissolution de l'Assemblée nationale. Ses partisans organisent une gigantesque manifestation sur les Champs-Élysées : « ras-le-bol de la chienlit ». Le mouvement s'essouffle. Peu à peu, en juin, les entreprises reprennent le travail.

Victoire puis défaite du général de Gaulle

À court terme, les événements de mai 1968 consolident le régime : les élections législatives des 23 et 30 juin 1968 constituent un triomphe pour les partisans du général de Gaulle qui obtiennent la majorité absolue des sièges. L'opposition est en déroute. Après le retrait de Georges Pompidou, Maurice Couve de Murville devient Premier ministre.

Le général de Gaulle décide néanmoins de remettre son mandat en jeu. Il veut consulter les Français sur un projet de réorganisation des pouvoirs publics (mise en œuvre d'une régionalisation et transformation du Sénat). Charles de Gaulle annonce que si les électeurs ne le suivent pas, il remettra sa démission.

Or, une partie de la droite appelle à voter en faveur du « non », notamment l'ancien ministre des Finances, Valéry Giscard d'Estaing. Le 27 avril, par 54 % des voix, les Français repoussent la réforme proposée. Fidèle à sa parole, de Gaulle démissionne le 28 avril 1969.

Après avoir effectué un voyage en Irlande, le général de Gaulle meurt le 9 novembre 1970, à La Boisserie, sa maison de Colombey-les-Deux-Églises.

Une présidence inachevée

Compte tenu du retrait du général de Gaulle, une élection anticipée est organisée. Le 15 juin 1969, l'ancien Premier ministre Georges Pompidou est élu au second tour, avec 58 % des voix. Il nomme à Matignon un autre gaulliste et ancien résistant, Jacques Chaban-Delmas.

« NOMMER À MATIGNON » ?

Non, paresseuses, l'expression ne signifie pas que le chef de l'État envoie un homme politique dans le petit village breton qui porte ce nom ! Cela veut dire que le président nomme un Premier ministre (l'hôtel Matignon est, depuis 1934, la résidence du chef du gouvernement).

Jacques Chaban-Delmas propose de mettre en place une « nouvelle société ». Ce projet vise à lutter contre les blocages sociaux et à dépasser les antagonismes idéologiques. Le Premier ministre invite le patronat et les syndicats à négocier régulièrement, fait voter des lois sociales. Le premier ministère de l'Environnement est créé en 1971. Mais la politique du Premier ministre est critiquée par les plus conservateurs de la majorité gaulliste, et peu soutenue par le président de la République. En juillet 1972, Georges Pompidou nomme un nouveau Premier ministre, lui aussi gaulliste, Pierre Messmer.

À l'occasion des législatives de mars 1973, la gauche connaît une progression importante. Elle a en effet le vent en poupe :

— en 1971, lors du congrès d'Épinay, a été créé le Parti socialiste, dont François Mitterrand a pris la tête,

— en 1972, cette formation a signé avec le Parti communiste et le Parti radical de gauche un programme commun de gouvernement.

L'EUROPE EN MARCHE

Parallèlement, l'Europe continue à se construire. Le 23 avril 1972, lors d'un référendum, les Français approuvent l'entrée du Royaume-Uni dans l'Europe communautaire, que le général de Gaulle avait repoussée, de crainte que Londres soit trop proche des positions des États-Unis.

Fin 1973, le monde est confronté au choc dû au brusque accroissement des prix du pétrole, multipliés par quatre. Les pays industrialisés, dont la

France, entrent dans une crise économique. L'effet le plus déstructurant est la montée en puissance d'un chômage de masse, jusqu'alors inconnu, et qui, trente ans plus tard, affecte toujours la société.

Souffrant depuis plusieurs mois, le président Pompidou meurt soudain, le 2 avril 1974.

CENTRE NATIONAL D'ART ET DE CULTURE GEORGES POMPIDOU

Féru d'art moderne, le président Pompidou est à l'origine de la création du Centre national d'art et de culture Georges Pompidou, familièrement surnommé « centre Beaubourg », un bâtiment à la charpente apparente, qui accueille notamment le Musée national d'art moderne.

Le gaullisme perd l'Élysée

En avril 1974, une question se pose : le prochain chef de l'État sera-t-il lui aussi un « héritier » du général de Gaulle ? Jacques Chaban-Delmas se porte candidat. Mais un ministre gaulliste influent, Jacques Chirac, soutient Valéry Giscard d'Estaing, issu de la droite non gaulliste, ministre sortant de l'Économie et des Finances.

Au second tour de l'élection présidentielle du 19 mai 1974, celui-ci est élu avec 50,7 % des suffrages, contre le candidat du Parti socialiste, François Mitterrand. Pour le récompenser de l'appui qu'il lui a apporté, le nouveau chef de l'État nomme Jacques Chirac Premier ministre.

Réformes sociales

Le nouveau gouvernement veut moderniser la société française. Il met en œuvre d'importantes réformes de société :

— légalisation de l'interruption volontaire de grossesse,

— libéralisation du divorce,

— instauration de la majorité à dix-huit ans,

— création d'un secrétariat d'État à la condition féminine, etc.

Sur le plan politique, le président réalise une réforme importante, très démocratique : désormais, l'opposition a la faculté de saisir le Conseil constitutionnel lorsqu'elle met en cause la légalité d'une loi adoptée par le Parlement.

Européen fervent, Valéry Giscard d'Estaing fait progresser la construction de l'Europe en étroite concertation avec le chancelier d'Allemagne Helmut Schmidt. Mais la crise économique qui affecte la France s'accentue : le chômage poursuit sa progression, l'inflation prend des proportions inquiétantes, le déficit du commerce extérieur s'alourdit. Après avoir fait preuve d'ouverture, le pouvoir paraît se crisper.

La droite se divise

De plus, la droite semble se diviser : les relations entre le chef de l'État et le Premier ministre se dégradent. En août 1976, Jacques Chirac présente sa démission et précise : « Je ne dispose plus des moyens que j'estime nécessaires pour assumer efficacement les fonctions de Premier ministre ». En décembre, il crée un nouveau parti gaulliste, le Rassemblement pour la République (RPR).

Le chef de l'État nomme alors à Matignon Raymond Barre, le « meilleur économiste » de France. Celui-ci met en œuvre une politique d'austérité qui entend défendre le franc mais n'endigue ni la progression de l'inflation ni celle du chômage. Le Premier ministre est confronté à une certaine impopularité. La gauche croit pouvoir en profiter mais ne réussit pas à remporter les élections législatives de 1978.

La gauche au pouvoir

Pour François Mitterrand, la troisième fois est la bonne

Valéry Giscard d'Estaing se propose d'effectuer un second mandat. Mais le 10 mai 1981, c'est François Mitterrand qui est élu avec 51,76 % des voix à l'issue du second tour de l'élection présidentielle (c'est la troisième fois qu'il était candidat à une présidentielle).

Le nouveau chef de l'État dissout aussitôt l'Assemblée nationale. Soucieux de lui donner les moyens d'entreprendre les réformes promises, les électeurs donnent la majorité absolue à la gauche. La presse évoque un « état de grâce » qui s'instaure. Nommé Premier ministre, Pierre Mauroy forme un gouvernement qui, pour la première fois depuis l'immédiat après-guerre, comprend des ministres communistes (quatre).

L'« ÉTAT DE GRÂCE » ?

L'expression n'a rien à voir avec d'éventuelles convictions du chef de l'État en matière religieuse. Il renvoie à la bienveillance dont font preuve les médias et l'opinion publique, au préjugé favorable qui, dans un premier temps, accompagne les premiers pas du gouvernement et assourdit les critiques de l'opposition.

Le gouvernement met en œuvre un important programme de nationalisations qui concerne de grands groupes industriels et des banques ; une large décentralisation est entreprise. Dans le domaine social, les salariés obtiennent de nouveaux droits : la retraite à 60 ans est instituée, une cinquième semaine de congés payés instaurée, la durée hebdomadaire du travail limitée à 39 heures.

L'ABOLITION DE LA PEINE DE MORT

Loi symbolique, la peine de mort est abolie par la loi du 9 octobre 1981, alors que l'opinion publique est opposée à cette réforme.

D'ambitieuses opérations d'urbanisme sont entreprises, dans les régions et à Paris, le plus souvent pour réaliser de grands équipements culturels : Grand Louvre, Opéra-Bastille, parc de la Villette, etc. Par ailleurs, le régime juridique de la radio et de la télévision est libéralisé.

Mais des difficultés économiques apparaissent vite. La politique de relance a échoué et creusé les déficits. Le franc est dévalué. Contrairement à ce qu'avait promis François Mitterrand, le taux de chômage augmente, la barre des deux millions de sans emploi franchie. À l'été 1982, c'est le tournant de la rigueur, qui réussit à freiner l'inflation.

Sur le plan de la politique extérieure, le chef de l'État prend une part active à la construction européenne. Dans le cadre de la confrontation entre l'Ouest et l'Est, Mitterrand soutient en 1983 l'installation en Europe par les États-Unis de leur missiles, destinés à contrer ceux de l'URSS.

Contraints de gouverner ensemble

Mais Pierre Mauroy connaît l'usure du pouvoir. Il est remplacé en juillet 1984 par Laurent Fabius, lui aussi socialiste. Celui-ci ne réussit pas à empêcher la droite de remporter les élections législatives de 1986. François Mitterrand nomme Jacques Chirac à Matignon.

Celui-ci redevient donc Premier ministre mais dans des circonstances politiques bien différentes des années 1974-1976. Pour la première fois sous la Ve République, le chef de l'État et le Premier ministre n'appartiennent pas au même camp politique (dans ce cas de figure, les pouvoirs du président de la République sont très réduits, au profit du Premier ministre). C'est la première cohabitation.

LA COHABITATION

Ce terme ne signifie pas, paresseuses, que le chef de l'État et le Premier ministre habitent ensemble. Chacun reste chez soi, mais l'un et l'autre doivent composer pour que la France continue à être gouvernée sans à-coups.

Au nom de l'efficacité économique, Jacques Chirac lance un programme de dénationalisation. Mais une réforme de l'enseignement supérieur provoque une agitation estudiantine qui affecte le crédit de son gouvernement. À l'approche de l'élection présidentielle de 1988, le chef de l'État et son Premier ministre présentent l'un et l'autre leur candidature...

Réélection

Le 8 mai 1988, François Mitterrand est réélu au second tour de la présidentielle avec 54,4 % des voix (il améliore donc son score par rapport à 1981). Ce scrutin voit par ailleurs un net recul du Parti communiste et la percée d'une formation d'extrême droite, le Front national, qui a notamment fait campagne en proposant un arrêt de l'immigration. Le chef de l'État dissout l'Assemblée nationale, mais le Parti socialiste n'y obtient qu'une majorité relative.

Socialiste mais parfois en désaccord avec François Mitterrand, Michel Rocard est nommé Premier ministre. Il entend diriger un gouvernement d'« ouverture ».

Mesures phares prises sous son gouvernement :

— la création du revenu minimum d'insertion (RMI), destiné aux plus démunis qui n'ont pas accès aux allocations chômage,

— l'institution d'un nouveau prélèvement fiscal, la contribution sociale généralisée (CSG).

La paix civile ramenée en Nouvelle-Calédonie

Par ailleurs, Michel Rocard rétablit la paix civile en Nouvelle-Calédonie, alors que ce territoire d'outre-mer a frôlé la guerre civile, entre la communauté d'origine européenne et les indépendantistes kanaks.

En 1991, de profonds changements internationaux

Sous ce ministère, la France participe début 1991 à la guerre du Golfe (à l'issue de ce conflit, l'Irak est vaincu par une coalition internationale menée par Washington et contraint de se retirer du Koweït qu'il a annexé après l'avoir envahi).

Fin 1991, l'URSS s'effondre et, avec elle, tout le bloc communiste que ce pays avait bâti autour de lui (en fait, la chute du mur de Berlin, en 1989, pouvait laisser prévoir ce bouleversement majeur de l'ordre international.

Oui à Maastricht, mais de justesse

À Michel Rocard succèdent deux autres socialistes :

— Édith Cresson en 1991. Mais la première femme à devenir Premier ministre en France se heurte vite à une certaine impopularité,

— Pierre Bérégovoy, jusqu'alors proche collaborateur du président de la République.

Le 20 septembre 1992, est organisé un référendum sur le traité de Maastricht (cet accord prévoit entre autres la création d'une monnaie unique le 1er janvier 2002, l'euro). Les Français paraissent divisés, François Mitterrand fait campagne en faveur du « oui ». Mais celui-ci ne recueille que 51,04 % des suffrages.

MAASTRICHT

La ville néerlandaise de Maastricht avait déjà joué un certain « rôle » dans l'histoire de France. Lequel ?

— Son conseil municipal avait demandé le rattachement de la cité à la France sous Henri III, pour renforcer le camp des protestants français,

— Des soudards y avaient abusé de Mme de Montespan venue accompagner l'armée de Louis XIV, alors en campagne,

— Napoléon Ier avait pensé s'y retirer après Waterloo, en y installant une fabrique de fromages.

C'est en faisant le siège de cette ville dans l'armée de Louis XIV que le mousquetaire d'Artagnan fut tué en 1673.

Au total, la gauche s'avère impuissante à rétablir les grands équilibres économiques et, surtout, à enrayer le chômage. Alors que le pouvoir a dû faire face à divers scandales politico-financiers, elle s'effondre lors des élections législatives de 1993, et c'est le retour d'une majorité de droite à l'Assemblée nationale.

Compétition entre deux « amis de trente ans »

Cette fois, le chef de l'État confie Matignon au gaulliste Édouard Balladur, un « ami de trente ans ». Toujours chef du RPR, Jacques Chirac préfère en effet prendre un peu de recul par rapport au pouvoir. C'est le début de la seconde cohabitation. Le gouvernement reprend la politique de privatisation. D'après les sondages, l'opinion semble soutenir Édouard Balladur qui annonce sa candidature à l'approche de la présidentielle de 1995. Mais Jacques Chirac compte aussi se présenter. Le scrutin qui s'annonce est donc double : il doit départager la gauche et la droite et, à l'intérieur de celle-ci, les deux candidats gaullistes !

La droite retrouve l'Élysée en 1995

Jacques Chirac au pouvoir

En dépit de sondages qui lui étaient favorables, Balladur est distancé dès le premier tour par Jacques Chirac à qui, bon perdant, il apporte son soutien pour le second tour. Le 7 mai 1995, Jacques Chirac, donc désormais soutenu par la grande majorité de la droite, est élu avec 52,64 % des voix, contre le candidat socialiste, Lionel Jospin, un ancien ministre de François Mitterrand (celui-ci, souffrant d'un cancer, mourra le 8 janvier 1996).

La droite retrouve ainsi le palais de l'Élysée dont elle avait été écartée en 1981. Le 17 mai, le nouveau président de la République, qui a fait campagne sur le thème de la « fracture sociale » à résorber, nomme Premier ministre un homme de confiance, le gaulliste Alain Juppé.

En juillet, l'annonce de la reprise des essais nucléaires dans le Pacifique (suspendus en 1992) entraînent les protestations de nombreux pays, à l'heure où l'on célèbre le 40e anniversaire du bombardement d'Hiroshima et de Nagasaki (début 1996, Jacques Chirac annoncera l'arrêt de ces essais). Par ailleurs, l'année est marquée en France par une série d'actions terroristes islamistes, probablement liées à la guerre civile qui déchire alors l'Algérie.

Une erreur de tactique

Sur le plan intérieur, plusieurs des mesures prises ou envisagées par le gouvernement sont bien acceptées par l'opinion, comme la mise en place d'une armée professionnelle. D'autres suscitent des critiques. Ainsi, à la fin de la même année, la présentation par Alain Juppé d'un plan de réforme de la protection sociale entraîne un vaste mouvement de grève. Concernant surtout le secteur public, celui-ci suscite une certaine sympathie dans une large part de la population. Le gouvernement en est affaibli.

Jacques Chirac décide alors de retrouver la confiance de l'opinion. Par avance sûr de sa victoire, il dissout l'Assemblée nationale au printemps 1997. Pourtant, les électeurs donnent la majorité à la gauche. Jacques Chirac nomme le socialiste Lionel Jospin à Matignon. C'est le début de la troisième cohabitation.

Le Premier ministre est soutenu au Parlement par la « gauche plurielle » (les socialistes, les communistes et les Verts). Bénéficiant d'une conjoncture économique favorable, le chef du gouvernement parvient à faire reculer le chômage. Il institue la semaine de 35 heures, une mesure jugée mal conçue et critiquable par la droite.

Le chef de l'État et le Premier ministre s'accordent néanmoins pour proposer de réduire la durée du mandat présidentiel à cinq années. Les Français approuvent l'instauration du quinquennat lors du référendum du 24 septembre 2000.

Deuxième mandat pour la droite en 2002

Les mois suivant, les partis préparent l'élection présidentielle. Comme en 1988, le président de la République et le Premier ministre sont candidats. Chacun s'attend à ce qu'un duel les oppose lors du second tour.

L'EURO

Au 1er janvier 2002, comme prévu, l'euro est mis en circulation dans douze des quinze États de l'Union européenne (celle-ci, depuis 1958, n'a cessé d'accueillir de nouveaux membres au fil des années).

Le séisme politique de 2002

Le 21 avril 2002, Jacques Chirac arrive en tête au premier tour (avec 19,88 % des voix, un score relativement modeste). À la surprise générale, Lionel Jospin est devancé par Jean-Marie Le Pen, président du Front national (ils obtiennent respectivement 16,18 % et 16,86 % des suffrages). Depuis 1969, c'est la première fois que la gauche n'est pas représentée au second tour d'un scrutin présidentiel.

Ce succès de l'extrême droite, difficile à prévoir, provoque un choc politique immense. La quasi-totalité de la classe politique ainsi que de nombreuses personnalités, toutes tendances politiques confondues, appellent à voter lors du second tour en faveur de Jacques Chirac. Il s'agit d'exprimer une large adhésion aux valeurs de la République et, *a contrario*, d'isoler le Front national au discours extrémiste et souvent ostracisant. Le 5 mai 2002, le chef de l'État est réélu par 82,21 % des voix – un score qui, quelques jours auparavant, était absolument impensable dans une démocratie comme la France, mais qui ne l'est plus compte tenu des circonstances.

Un élu local, Jean-Pierre Raffarin, venu de la droite non gaulliste, est nommé à Matignon. Sous l'impulsion de Jacques Chirac, une large majorité de la droite se rassemble en une formation unique : l'Union pour un mouvement populaire (UMP), qui réunit ainsi les gaullistes de l'ancien RPR, des centristes et des libéraux (partisans d'une dérégulation du système économique et social).

Réformes et échecs électoraux successifs

Le nouveau gouvernement ouvre de nombreux chantiers. En particulier, une réforme de la protection sociale et, surtout, celle du régime des retraites, mis à mal par l'évolution démographique et la hausse du chômage. Cher au Premier ministre, l'approfondissement de la décentralisation mise en œuvre par les socialistes en 1982 est quelque peu boudé par l'opinion publique.

Les opposants à cette politique la juge trop libérale et peu efficace en matière de lutte contre le chômage. D'ailleurs, la droite enregistre des revers lors des élections (municipales, européennes, sénatoriales) qui se succèdent en 2004. Le gouvernement, dont l'action n'est certes pas *stricto sensu* concernée par ces résultats, n'infléchit pas sa politique.

Une diplomatie flamboyante

Au début 2003, sous l'impulsion du président Chirac, relayé par le ministre des Affaires étrangères Dominique de Villepin, la France prend, de manière spectaculaire, la tête du camp qui s'oppose – en vain – à la guerre que les États-Unis s'apprêtent à lancer contre l'Irak (Washington entend ainsi lutter contre le terrorisme au lendemain des attentats commis par des terroristes islamistes sur leur sol le 11 septembre 2001).

DE NOUVEAUX MEMBRES DANS L'UNION EUROPÉENNE

L'Europe, pendant ce temps, continue de se développer. Au 1er mai 2004, elle passe à vingt-cinq membres en accueillant dix nouveaux pays, dont d'anciens États communistes.

Très débattu, le projet de « Constitution » européenne...

Fin 2004, le débat politique s'ordonne autour du projet de « Constitution » européenne élaboré par une convention présidée par Valéry Giscard d'Estaing. Ce texte, destiné à rationaliser les textes régissant l'Europe et à approfondir son intégration doit, selon le désir de Jacques Chirac, être soumis à un référendum.

Le « oui » est d'abord donné largement gagnant. Mais son avance est ensuite grignotée par le « non » qui passe même devant lui dans les sondages. L'UMP, le Parti socialiste, entre autres, le chef de l'État et les ministres prennent parti en faveur du texte. Celui-ci est en revanche combattu par une partie de la droite, le Parti communiste et des socialistes, comme Laurent Fabius.

UN MONSTRE S'INVITE DANS LE DÉBAT POLITIQUE

Quelques semaines avant le référendum, le débat déborde sur un projet élaboré par la Commission européenne. Ce texte, selon ses détracteurs, risquerait de porter atteinte aux systèmes sociaux en vigueur. Certes, il n'a aucun rapport avec la « Constitution » envisagée, mais les partisans du « non » en font un véritable épouvantail. Ils se plaisent à souligner la parenté existant entre le nom de son auteur, le Néerlandais Frits Bolkestein et celui d'un monstre bien connu en littérature et au cinéma : l'être anormal créé par Frankenstein...

... est rejeté lors du référendum de 2005

Le 29 mai 2005, par 54,67 % des voix, les Français repoussent le texte (les Néerlandais font de même trois jours plus tard). Comme lors du vote du 21 avril 2002, la surprise est immense. Dans la mesure où la France est l'un des six membres fondateurs de l'Europe, la décision des électeurs portent en effet un coup rude au processus de la construction européenne.

Les raisons de ce rejet sont multiples : les électeurs ont peut-être voulu critiquer le fonctionnement d'une Europe souvent jugée trop lointaine ainsi que les élargissements successifs qui les effrayent. Surtout, et bien que cela n'ait aucun lien avec le scrutin, les Français ont probablement voté contre l'adhésion possible de la Turquie et aussi souhaité manifester leur attachement au système français de protection sociale qui, à tort ou à raison, leur paraît menacé par l'Europe. Le chômage, irréductible, inquiète : en 2005, il concerne 10 % de la population active.

Redonner confiance

Tirant les leçons de ce scrutin, le chef de l'État nomme un nouveau Premier ministre le 31 mai 2005 : Dominique de Villepin. Dès son arrivée à Matignon, celui-ci déclare vouloir, en cent jours, « recréer les conditions de la confiance » avec les Français. Sans précédent, les violences urbaines que la France a connues à l'automne suivant témoignent d'ailleurs d'un malaise social préoccupant.

LES FRANÇAIS DANS L'EUROPE

Au 1er janvier 2006, la population française (métropole et outre-mer) est estimée à 62,9 millions d'habitants. Ce qui, au sein de l'Europe communautaire, la place au second rang, derrière l'Allemagne et devant le Royaume-Uni.

Au début du XXIe siècle, la France doit en effet redéfinir sa politique et ses priorités :

— en Europe, tout d'abord, alors que le processus de la construction communautaire semble quelque peu ralentir (baisse de régime du traditionnel moteur franco-allemand, allongement du délai imparti aux États pour adopter le projet de « Constitution », etc.),

— d'une manière générale sur une scène internationale largement dominée par les États Unis, hyperpuissance économique, militaire et culturelle et bouleversée par la mondialisation et la montée en puissance de pays qui se développent à marche forcée et s'affirment sur la scène internationale, comme l'Inde ou la Chine, demain le Brésil.

La prochaine élection présidentielle doit avoir lieu en 2007. Nul doute que les débats qui se dérouleront à cette occasion offriront les réponses à ces multiples défis.

15 DATES ESSENTIELLES À RETENIR SI VOUS AVEZ ÉTÉ TROP PARESSEUSE POUR LIRE LE CHAPITRE 8

1. 21 octobre 1945

Consultés par référendum, les Français refusent de revenir aux institutions de la IIIe République (la IVe République sera instaurée peu après).

2. Novembre 1953-juillet 1954

La bataille de Dien Bien Phu, qui voit la défaite de l'armée dépêchée par Paris, signe la fin de la présence française en Indochine.

3. 13 mai 1958

À Alger, une manifestation en faveur de l'Algérie française prend une telle ampleur que le régime de la IVe République s'effondre peu après. Ce qui conduit au retour au pouvoir du général de Gaulle.

4. 28 octobre 1962

Lors d'un référendum, les Français approuvent l'instauration du suffrage universel direct pour l'élection du président de la République.

5. 18 mars 1962

Les accords d'Évian conclus avec la France reconnaissent l'indépendance de l'Algérie, dont la population avait commencé à se révolter en 1954 contre le pouvoir colonial.

6. 23 et 30 juin 1968

Les élections législatives de mai 1968 donnent la majorité absolue des suffrages à la droite après que les événements de mai-juin 1968 ont profondément modifié la société et fait vaciller le pouvoir du général de Gaulle.

7. 27 avril 1969

Par 54 % des voix, les Français rejettent le projet de réforme proposée par le général de Gaulle (décentralisation et suppression du Sénat).

8. 19 mai 1974

Au second tour du scrutin présidentiel, Valéry Giscard d'Estaing est élu avec 50,7 % des voix, contre le candidat du Parti socialiste, François Mitterrand.

9. 10 mai 1981

Le candidat socialiste, François Mitterrand, prend sa revanche et bat Valéry Giscard d'Estaing en obtenant 51,76 % des suffrages lors du second tour. C'est la première alternance sous la Vᵉ République.

10. 1986

Les Français donnent la majorité à la droite lors des élections législatives. François Mitterrand nomme Jacques Chirac, un gaulliste, à Matignon. C'est la première cohabitation.

11. 1988

François Mitterrand est réélu à la présidence de la République au second tour de la présidentielle qui l'opposait à Jacques Chirac.

12. 1995

Jacques Chirac prend sa revanche : il est élu à la présidentielle qui, au second tour, l'a opposé au socialiste Lionel Jospin.

13. 1997

Les Français envoient une majorité de gauche à l'Assemblée nationale après que celle-ci, pourtant auparavant acquise à la droite, a été dissoute par Jacques Chirac.

14. 5 mai 2002

Jacques Chirac est réélu à la présidence de la République par 82,21 % des voix, alors que le second tour l'opposait à un candidat d'extrême droite, Lionel Jospin ayant été éliminé au premier tour.

15. 29 mai 2005

Les Français rejettent un projet de « Constitution » européenne par 54,67 % des voix.

chapitre 9

Glossaire

Bourbon

Cette branche de la famille de la lignée capétienne a accédé au trône avec Henri IV, en 1589. Elle a régné jusqu'à la Révolution, puis de nouveau lors de la période de la Restauration, voire pendant la monarchie de Juillet (Louis-Philippe Ier appartenait à une branche cadette de cette famille, les Bourbons-Orléans).

Capétiens

Cette dynastie, fondée par Hugues Capet, a dirigé la France entre 887 et 1792 puis, après la Révolution, de 1814-1815 à 1848 (avec, successivement, les Capétiens directs, les Valois et les Bourbons). Elle a également donné des souverains au Brésil, à l'Espagne, au Luxembourg, au royaume de Naples, au Portugal, etc.

Carolingiens

Le nom de cette dynastie n'a pas été forgé sur celui d'une femme nommée Carole, mais sur celui de Charlemagne (Carolus en latin), qui a gouverné la France et certains territoires adjacents de 751 à 987.

Cohabitation

C'est la situation dans laquelle se trouve le gouvernement lorsque le président de la République et le Premier ministre appartiennent à deux familles politiques opposées. La Ve République a jusqu'à présent connu trois cohabitations. Paresseuses, vous vous souvenez quand ?

Collaboration

Ce terme désigne la politique menée par le régime de l'État français, dirigé de 1940 à 1944 par Philippe Pétain, favorable aux demandes et intérêts du gouvernement de l'Allemagne nazie.

Commune (la)

Avec un grand « C », c'est à la fois le mouvement et l'administration qui sont nés à Paris en mars 1871 après la chute du Second Empire. Insurrectionnelle, la Commune a été combattue et anéantie par les troupes obéissant au gouvernement, replié à Versailles (mai). Ses partisans sont appelés communards.

Écrit tout en minuscules – commune –, ce mot désigne bien entendu la plus petite collectivité locale française, créée pendant la Révolution, et qui est dirigée par un maire.

Constitution

Une constitution est un texte le plus souvent élaboré et adopté selon une procédure particulière (par exemple par une assemblée constituante). Elle précise la nature d'un régime politique, décrit ses principales institutions et la manière dont celles-ci fonctionnent. La France vit sous le régime de la Constitution de la Ve République depuis 1958. Mais, par exemple, un pays comme le Royaume-Uni a, lui, une Constitution non écrite, largement fondée sur la coutume, notamment formée de plusieurs textes disparates écrits au fil des siècles.

Cour, courtisan

Sous l'Ancien Régime, la cour était formée de l'entourage du souverain (parents, ministres, titulaires de charges importantes, simples courtisans, etc.). Elle est véritablement apparue avec les rois Valois pour s'éteindre à la chute de Napoléon III. Le courtisan est une personne attachée à l'entourage d'un souverain, ou bien qui fréquente plus ou moins régulièrement cette cour.

Attention, le féminin de ce mot – courtisane – possède une tout autre signification que le masculin. Il désigne une femme entretenue jouissant d'un certain statut social (les courtisanes des années 1900 étaient particulièrement célèbres).

Élections législatives

Les élections législatives servent à élire des députés. Avec les élections sénatoriales (dont le nom est assez transparent pour savoir à quoi elles servent, n'est-ce pas ?), elles constituent les élections parlementaires. En France, les législatives ont lieu tous les cinq ans (sauf en cas de dissolution).

Empire français

Ce régime a été créé par Napoléon Bonaparte en 1804. Il n'a pas survécu à l'abdication de son fondateur, en 1814-1815.

Empire romain (d'Occident, d'Orient)

L'Empire romain a été fondé par Octave-Auguste, fils adoptif de Jules César, en - 27. Au fil des conquêtes, cet État immense s'est étendu sur tout le pourtour de la Méditerranée. Devenu trop difficile à gouverner, il fut définitivement scindé en deux parties en 395. L'Empire d'Occident (capitale : Rome) subsistera jusqu'en 476, l'Empire d'Orient (capitale : Constantinople) jusqu'en 1453.

Différents souverains (Charlemagne, Napoléon Ier, etc.) et États européens (Autriche, Russie, etc.) utiliseront plus tard le nom d'Empire pour essayer de se parer du prestige de l'Empire romain.

Pour désigner les territoires conquis outre-mer, la France utilisait aussi le terme d'« Empire ».

État français

L'État français est le nom officiel du régime politique, surnommé gouvernement de Vichy, qui a dirigé la France durant la Seconde Guerre mondiale, de juillet 1940 à août 1944 sous l'autorité du maréchal Philippe Pétain.

États généraux

Sous l'Ancien Régime, les états généraux (parfois appelés simplement états) étaient des assemblées politiques qui se réunissaient de manière irrégulière. Les députés qui les formaient étaient désignés par trois ordres : le clergé, la noblesse et le tiers-état. Sauf au début de la Révolution, les états généraux ne jouèrent jamais un rôle très important.

Europe

Ce mot est un peu ambigu. Il peut correspondre à un ensemble géographique, assez vaste, qui va de l'Atlantique à l'Oural. Dans un sens plus restreint, il désigne la construction politique et économique entamée en 1957-1958, qui rassemble un nombre croissant d'États européens soucieux de vivre en bonne intelligence et de favoriser le développement et la paix.

Un peu de mythologie : le mot « Europe » vient de la mythologie grecque. Un jour, le dieu Zeus, sous la forme d'un taureau blanc, enleva Europe, princesse de Phénicie (Liban actuel) et l'emporta en Crète. Le nom de la jeune fille fut ensuite donné aux terres s'étendant à l'ouest de l'Asie.

Féodalité

Ce système politique, économique et social est caractérisé par l'existence d'un lien féodal. Le vassal doit obéir à un vassal plus puissant que lui ou à un suzerain (situé en haut de cette échelle) qui, en échange, lui accorde sa protection. En France, ce système s'est mis en place vers l'an mil et s'est éteint, dans les faits, bien avant la Révolution.

Gaule

Ce nom était donné par les Romains au territoire formé, grosso modo, par la France actuelle et la Belgique.

Gaullisme

Ce courant politique (dont le nom est forgé sur celui du général de Gaulle) est apparu en France dans la seconde moitié du XXe siècle. Il se caractérise avant tout par un grand pragmatisme, une volonté d'établir un exécutif fort et de mettre en place une politique étrangère active.

Grandes migrations

Aussi nommées grandes invasions, ces mouvements de population venues de l'est ont déstabilisé l'Empire romain d'Occident puis hâté son effondrement aux IVe et Ve siècles. Quoique vainqueurs, ces nouveaux peuples adoptèrent peu à peu les usages, la religion, les valeurs de la civilisation gallo-romaine.

Guerres de religion

Cette longue série d'affrontements civils a opposé, en France, les catholiques aux protestants, entre 1562 (massacre de Wassy) et 1598 (publication de l'édit de Nantes par Henri IV).

Laïcité

C'est une conception d'ordre politique voire philosophique, selon laquelle l'organisation de la société repose sur la séparation de l'État et des Églises, notamment en matière d'enseignement. En France, la laïcité a été établie par une loi de 1905.

Libération

Avec un grand « L », ce terme désigne à la fois la période et l'ensemble des opérations militaires qui ont conduit à la défaite des armées nazies, rejetées hors de France en 1944-1945. Des pays comme les États-Unis ont pris une part décisive à cette série d'affrontements armés.

Quant à la libération des mœurs, elle s'est considérablement accélérée après les événements de mai 1968...

Mérovingiens

Cette dynastie (supposée fondée par le pourtant probablement légendaire Mérovée) a gouverné la France à partir de Clovis, en 481, jusqu'en 751.

Monarchie

C'est un régime politique dans lequel l'autorité est détenue par un roi, un empereur, etc., qui exerce le pouvoir directement ou en le déléguant, selon les règles institutionnelles de son pays. Une monarchie peut aujourd'hui être parfaitement démocratique, comme le Royaume-Uni ou la Belgique.

Moyen Âge

Cette longue période commence lors du renversement du dernier souverain de l'Empire romain d'Occident, en 476. Elle s'achève au XVe siècle, marqué par la chute de l'Empire romain d'Orient (1453) et la découverte de l'Amérique par l'Europe (1492).

Nationalisation, privatisation

En économie, une nationalisation est l'opération lors de laquelle l'État prend la propriété d'une entreprise appartenant au secteur privé (les pouvoirs publics estiment, dans ce cas, défendre l'intérêt général). Son contraire, la privatisation, consiste à céder au privé des actifs détenus jusqu'alors par le secteur public (au nom de l'efficacité de la loi du marché). En France, l'État a largement nationalisé après la Seconde Guerre mondiale et en 1981 avant de changer de politique et de céder ensuite l'essentiel de ces sociétés et entreprises.

Nations unies (Organisation des)

L'Organisation des Nations unies (ONU) a été créée par la charte de San Francisco en 1945 (elle prend la suite de l'ancienne Société des Nations (SDN) créée en 1920). Elle a pour but de prévenir la guerre, d'affirmer les droits de l'homme, de favoriser le respect de la justice et du droit international, d'encourager le progrès social. Début 2006, l'ONU comptait 191 membres.

Occupation

Ce terme désigne la période durant laquelle l'armée de l'Allemagne nazie a occupé la France, d'abord la seule moitié nord puis, à partir de 1942, la zone sud. L'essentiel du territoire a été libéré à partir de la mi-1944, mais certaines villes, comme Royan, ont été occupée jusqu'en mai 1945.

Pouvoir exécutif, législatif

Le pouvoir exécutif est l'ensemble des personnes (par exemple un chef d'État, un Premier ministre) ou un organe (un conseil des ministres) qui agissent, décident, animent la politique d'un gouvernement. Le pouvoir législatif désigne l'assemblée (souvent composée de deux chambres formant le parlement) qui rédige les lois, donc qui légifère. On distingue aussi le pouvoir judiciaire, l'ensemble des juges qui rendent la justice.

Préhistoire

Cette longue période s'applique aux premiers temps de l'humanité, jusqu'à l'invention de l'écriture, il y a environ 5 000 ans. Ensuite, c'est l'histoire qui commence...

Président de la République, Premier ministre

Ces deux personnages sont les responsables de l'exécutif selon le régime de la Vᵉ République. Le premier, établi au palais de l'Élysée, est élu pour cinq ans (pour sept ans jusqu'en 2000) par l'ensemble des électeurs. Il est libre de choisir qui il veut pour occuper le poste de Premier ministre, pourvu que ce dernier ait le soutien de l'Assemblée nationale. En période de cohabitation, c'est le Premier ministre qui détient l'essentiel des pouvoirs (l'hôtel Matignon lui est affecté).

Protestantisme

À la suite des réflexions et écrits de l'Allemand Martin Luther et du Français Jean Calvin, le protestantisme s'est développé au XVIᵉ siècle. Cette religion chrétienne rejette et critique le catholicisme, particulièrement l'autorité du pape et le culte rendu aux saints et à la Vierge. Ses adeptes sont nommés protestants ou réformés (ou huguenots, autrefois).

Référendum

Un référendum est une procédure à l'occasion de laquelle les citoyens sont consultés par les pouvoirs publics pour modifier une disposition constitutionnelle ou une mesure législative particulièrement importante. En France, les derniers référendums en date ont concerné : l'autodétermination en Nouvelle-Calédonie (1988), le traité de Maastricht (1992), le quinquennat (2000), la Constitution européenne (2005).

Renaissance

Non, paresseuses, ce terme (avec un grand « R ») n'a rien à voir avec une histoire de morts-vivants ou de Chrétiens exaltés.

Apparu en Italie au XVe siècle, ce vaste mouvement de rénovation intellectuelle, également marqué par des progrès techniques, s'étend ensuite à tout l'Occident qui sort ainsi du Moyen Âge. Il est en grande partie fondée sur la redécouverte de la pensée antique et a suscité à terme le développement de l'humanisme et de courants littéraires nationaux, l'apparition de la Réforme (le protestantisme).

République

Dans ce système de gouvernement, le pouvoir est exercé par des représentants de la nation, élus pour un temps. Mais remarquez bien, paresseuses, que le terme « république » n'est pas forcément synonyme de démocratie. En témoignent certains régimes autoritaires voire dictatoriaux, comme l'ancienne URSS.

Depuis 1792, la France a connu cinq républiques. Paresseuses, après avoir lu ce livre, vous vous en souvenez ?

Résistance

Ce terme désigne la lutte menée en France, pendant la Seconde Guerre mondiale, contre l'occupation allemande et la politique de collaboration mise en œuvre par le gouvernement de Vichy. Considérée comme illégale par ces autorités, elle était bien entendu parfaitement légitime. Symboliquement, la Résistance a commencé avec l'appel lancé le 18 juin 1940 à Londres par le général de Gaulle.

Restauration

La Restauration est le régime qui a gouverné la France entre la chute de Napoléon Ier (1814-1815) et la mise en place de la monarchie de Juillet (1830).

Révolution

La France a connu plusieurs révolutions. La plus importante, qui a eu un retentissement mondial, a éclaté en 1789 (dans ce cas, le mot Révolution prend un grand « R »). Par la suite, ont eu lieu les révolutions de 1830 et de 1848, qui ont certes conduit à un changement de régime, mais n'ont pas eu l'impact de la première.

Sacre

Sous l'Ancien régime, cette cérémonie à caractère mystique, inspirée par l'Ancien Testament, marquait le début du règne personnel des rois, de Clovis (751) à Charles X (1825). Le rituel était très codifié. Le roi, portant des habits particuliers, recevait sept onctions d'une huile miraculeuse, puis le sceptre, la main de justice, la couronne, etc.

« Trente Glorieuses »

Surnom donné à la période d'expansion économique comprise entre 1945 et le début des années 1970. Marquée par une forte croissance et un chômage peu important, elle a bénéficié à la plupart des États développés, dont la France.

Table des matières

chapitre 9

Dans la même collection :

La Sexualité des paresseuses
La Santé des paresseuses
La Beauté des paresseuses
La Gym des paresseuses
La Cave à vin des paresseuses
Le Corps de rêve des paresseuses
Le Feng Shui des paresseuses
La Cuisine des paresseuses
Le Régime des paresseuses
Le Nouveau Savoir-Vivre des paresseuses
L'Astrologie des paresseuses
La Fête des paresseuses
La Vie rêvée des paresseuses
L'agenda des paresseuses 2006
L'Armoire idéale des paresseuses
L'Art de se faire épouser des paresseuses
Le Guide de survie des paresseuses
Les bonnes résolutions des paresseuses

Photocomposition Nord Compo

Imprimé en Italie
par « La Tipografica Varese S.p.A. » Varese
ISBN : 2501047559
Dépôt légal : 68496 – Mars 2006
40.9698.8/01